三笠書房

JN108906

清水建二

英語は3語で話せる

知的生きかた文庫

スマートな英会話は、ほぼ「３語」で完結する！

◎ペラペラになりたければ、文法なんて忘れなさい！

皆さんにとって英会話学習の目的はなんでしょうか。

「勤め先に外国からお客さんが来るから簡単な英語を話せるようになりたい」
「海外旅行で現地の人たちと直接交流を深めたい」
「洋画を字幕なしで観られるようになりたい」
「将来、ある程度の英会話力があるほうがよさそうだから」

さまざまな理由があるでしょう。

そして、"英語をもう一度初めからやり直す"というと、つい、「文法の学習」を思い浮かべがちです。
ですが、基礎英会話の習得には、文法の知識は必要ありません。
なぜなら、英会話の基礎は、日本人なら誰でも知っている２つの英文の中に入っているからです。その２つの英文

とは、

This is a pen.（これはペンです）と、
I have a pen.（私はペンを持っている）です。

　実は、この2つの文の語順を使って、あとは単語を入れ替えたり、a pen の部分だけを残して他の表現に換えたりすることで、さまざまな意思を伝えることができるようになるのです。

Piece of cake.（お安い御用です）、
Good for you.（よかったね）、
Anything for you.（なんでも言ってください）

　たとえば、上記の3つの英文は、それぞれ、

That is a piece of cake.
（それはケーキ一切れを食べるようなものです）、

It was good for you.
（それはあなたにとってよかったです）、

I'll do anything for you.
（あなたのためならなんでもします）

という文の「主語」と「動詞」を省略した形です。

　丁寧に話すならこのように現在形や過去形など気にする必要がありますが、実際の会話ではこうした長い表現が使われることはあまりありません。
　それでも自分の意思を伝えることは十分にできるのです。

　実際問題として、is と was の違いくらいは最低限の知識としてあったほうがいいと思いますが、とにかく英語を話すときは、文法のことは考えないことが重要です。

◉なぜ、文法は忘れていいのか？　TOEIC 試験で高得点を取っても話せないケースからわかること

　これは TOEIC 試験自体にスピーキング能力を試すものが重要視されていないことが最大の原因でしょう。そのために受験者の多くが「読む」「聴く」というインプット中心の勉強に偏ってしまい、「書く」「話す」というアウトプットの訓練をしていないことが理由に挙げられます。

また、高得点を取っているがゆえに、間違った英語を話してはいけないといった変なプライドが邪魔をして、口からなかなか英語が出てこないという面もあるでしょう。

　ここから導き出される〝英語を話せるようになるための最重要ポイント〟は、「書く」「話す」というアウトプットの訓練をすること。
　そして、「間違った文法で話してはいけない」といった、変なプライドを捨てることとなります。

　だからこそ、本書の〝文法なんて気にしなくていいから、とにかく「３語で話せ」〟というのが効いてくるわけです。

◉ネイティブほど、短く、率直に、表現する

「３語」で話すメリットは、まだあります。日本語で話すとき、相手がわかっていることは、できるだけ省略して短く伝えるでしょう。同様に英会話も、できるだけ短く伝えることが求められるのです。
　たとえば、一般的な英会話の本には、お世話になった人への感謝を表す言葉として、こんな例文をよく見かけます。

Thank you for everything you have done for me.
（私のためにしてくれたすべてのことに対して感謝します）

　ですが、この英文は実際には、以下の3語で十分です
し、むしろ下記のほうが自然な英語と言えましょう。

Thanks for everything.
（いろいろありがとうございました）

　実際に洋画やテレビドラマを英語の字幕付きで観てみる
と、こうした3語程度の極めてベーシックな単語で成り立
っていることがわかります。

◉**さらには、おもてなしも「3語」で十分にできる！**

　たとえば、あなたが飲食店の店員で外国のお客さんの接
待をするときも、こんなふうに、たった3語の英語で、十
分にもてなせます。

Ready to order?（ご注文はよろしいでしょうか）、
Anything to drink?（お飲み物はいかがですか）、

How is it? （お味はいかがですか）、
Are you finished? （お食事はもうおすみになりましたか）

　本書は、わずか3語でも自分の「感情」「意思」「状況」をきちんと伝えられる英語のフレーズを500以上厳選して収録しました。

　すべて、日常会話はもちろん、ビジネス・旅行・メール・SNSまで幅広いシチュエーションで使えるものばかりです。ただし、冠詞などを含めてやむなく4語になってしまう例が少々あることをご容赦願います。

　これらのフレーズをどんどん使えば、英会話の基礎トレーニングとなり、会話力を飛躍的に向上させられることは間違いありません。

　英語など、とうの昔に忘れてしまったけれど、とにかく英語をしゃべれるようになりたい人や、今まで何冊か英会話の本を試したけれど途中で挫折してしまった人にこそ、本書は力になるはずです。ぜひ、今日から試してください。

対象レベル
・初級者から上級者まで、全レベル対応。
・TOEIC などは高得点だけど、話すことが苦手な人。
・英語の知識ゼロだけど、英会話の必要性を感じる人。
・英語など、とうの昔に忘れてしまったけれど、とにかく英語をしゃべれるようになりたい人。
・今まで英会話の本を途中で挫折してしまった人。

伝えられる内容
「自分の感情」や「意思」「日常よく使うシーン」の表現、「会話の流れをスムーズにする "つなぎ表現"」などそのまま使える表現が盛りだくさん。

特長
　本書で取り上げた英文は、SV/ SVC / SVO の3つの文型にしぼっています。中学1年生レベルの簡単さなので消化不良を起こすことがなく、しかも、単語を入れ替えることによって驚くほど多くのことが表現でき、表現の幅を伸ばせます。初級者や会話の苦手な中級者が気軽に取り組める点もメリットです。

第1章 感情は3語でこんなに伝わる！

Make it simple.

第2章 考えは3語でこんなに伝わる!

Make it simple.

3 そこまで連れていって
4 みんな、もっと寄って
5 もう少しさがって
6 止まらずに進んでください

第3章
状況は
3語でこんなに伝わる!
Make it simple.

本文デザイン・DTP／株式会社 Sun Fuerza

感情は
3語でこんなに伝わる!
Make it simple.

テンション上がる!
落ち込むなあ
なめないでよ
ジーンときた
や～めた!
気にしないで
遠慮しないで
あがり症なの
パニクってる!……etc.

喜び

1　めちゃ、うれしい

I'm so happy.

日本語の「うれしい」にぴったりの語が happy です。「最高にうれしい」なら、「これ以上うれしいことはありえない」の意味で、I couldn't be happier. という表現もあります。

2　なんだかうれしい

I'm kinda happy.

kinda は「まあまあ」とか「ちょっと」という意味の副詞 kind of のことで、会話では頻繁に使われる表現です。同義の表現に、sort of や somewhat もあります。

3　テンション上がる！

I'm getting excited!

I'm getting ～で、自分が意識せずに徐々にある状態になっていくことを表します。これを My tension is getting high. にすると「緊張してきた」の意味になってしまうので要注意です。

4 気分は最高

I feel great.

How are you doing?（調子はどう?）と聞かれたときの答え方の1つです。great に just をつけて、I feel just great. と言えば、もう一段階上の気分を表します。

5 めちゃ、満足です

I'm completely satisfied.

completely は「完全に」の意味で、「私は完全に満足している」の意味です。「結婚生活に満足しています」なら I'm satisfied with my married life. です。

6 いいことがあったよ

Something wonderful happened.

What's new?（何か変わったことある?）という挨拶代わりの言葉を受けて使う表現です。こう言ってから、I got promoted!（昇進した!）とか I got a raise.（昇給した）などと続けます。

喜び

7 よし、やった〜！

I did it!

自分が何かを成し遂げたときに使う表現です。自分一人ではなく他にも一緒に成し遂げた人がいたら、We did it! です。相手に向かって、You did it! なら「やったね!」です。

8 やった〜！

I made it!

I did it. と同様に、目指していたことを成し遂げたことを伝える表現です。成し遂げる内容はさまざまで「なんとかする」という軽い意味で使うこともできます。

9 バッチリだ！／ハイタッチだ！

Give me five!

元々はスポーツでプレイしたときに、手と手を合わせながら喜びを分かち合う（いわゆるハイタッチ）表現ですが、使う場面はスポーツに限りません。

1 切ないよ

My heart's broken.

My heart's は My heart is の短縮形で、胸が張り裂けそうな思いや切なさを表す表現です。I'm heartbroken. や I'm broken hearted. も同じ意味で使います。

2 落ち込むなあ

I'm feeling down.

down は「落ち込んだ」とか「元気がない」という意味の形容詞で、I'm feeling depressed. と言っても OK です。「憂鬱な」気持ちを表すときは、I'm feeling blue. です。

3 ショックでつらいです

I'm completely devastated.

completely devastated は「完全に打ちのめされた」感じで悲しい気持ちを表します。単にショックを受けるだけなら、I'm really shocked. です。

楽しい、面白い

1 これ、楽しいね

This is fun.

This is so much fun なら、その楽しさの度合が増し、This is too much fun. とすれば、「楽しすぎる」とさらに度合いを増します。

2 それは楽しみだね

That'll be fun.

That'll は That will の短縮形で、相手の言ったことを受けて、「それは楽しくなるでしょう」が元の意味です。

3 それは楽しそうだね

Sounds like fun.

相手の言ったことを受けて、「それは楽しいように聞こえる」が元の意味で、That sounds like fun. の that が省略された形です。「楽しんできてね」なら Have fun. と言うこともできます。

4　それは面白そうだね

That sounds interesting.

How about going on a picnic?（ピクニックに行かない?）という誘いに対して、That sounds interesting. と応ずれば、その誘いを承諾したことになります。

5　興味ある？

Are you interested?

We're having a barbecue tonight.（今晩バーベキューするんだけど）と言った後に続けて、Are you interested?（興味ある?）と言えば、「来ない?」という誘いの意味になります。

6　彼はいつ会っても面白い

He's always amusing.

amusing は「愉快で人を楽しませたり、笑わせたりする」という意味の形容詞です。遊園地（amusement park）で体験する面白さが amusing です。

寂しい、恋しい

1　寂しいよ

I feel lonely.

「あなたがいなくて寂しい」なら、I feel lonely without you. とします。lonely は alone（一人で）という意味の形容詞から生まれた語で、「ひとりぼっちで寂しい」ことを表します。

2　そばにいて

Stay with me.

「私と一緒にいて」が文字通りの意味です。Stand by me. も似た意味で使いますが「私の味方になって」という意味が強く、そばにいてほしい気持ちは Stay with me. のほうが強いです。

3　寂しくないの？

Aren't you lonely?

Aren't you ～ ? で「～じゃないの?」という意味で使います。こう聞かれて「寂しくない」ことを伝えたいなら、「大丈夫」の意味で、No, I'm OK. とか No, I'm fine. などと応じます。

4　君がいなくなると寂しくなる

I'll miss you.

I'll 〜は I will 〜の短縮形で、「私は〜でしょう」という未来の気持ちを表します。実際に今あなたがいなくて寂しい気持ちを伝えたければ、I miss you. と言います。

5　心にぽっかり穴が開いたよう

I feel empty.

empty は中身が「空っぽの」という意味の形容詞で、人の気持ちを表すときは心が空の状態、つまり、むなしい気持ちを伝えます。My heart is empty. も同じ意味で使います。

6　私にはあなたが必要なの

I need you (here).

男女の間で使えば、I love you. と同じような意味になりますが、たとえば職場で、I need you. と言えば、I need your help. の意味で「ちょっと手伝って」の意味で使うこともできます。

悲しい、泣く

1　めっちゃ悲しいよ

I'm so sad.

so は very よりも強い気持ちを表します。I'm getting sad. とすれば、だんだんと「悲しくなってきた」気持ちを伝えることができます。

2　なんだか悲しい

I'm kinda sad.

kinda は kind of のことで、「ちょっと〜」とか「どちらかというと〜」という意味の副詞です。sort of も同じ意味です。

3　悲しそうだね

You look sad.

look 〜（形容詞）で「〜のように見える」という意味です。You look sad.（悲しそうだね）と言った後に、What's wrong?（どうしたの?）と続けてください。

4　涙が出てきちゃう

I'm gonna cry.

「〜しそうだ」とか「〜するつもりだ」という意味の be going to のくだけた表現が be gonna で、I'm going to cry. と同じ意味です。「泣きたいよ」なら、I feel like crying. です。

5　泣いちゃってごめんね

Sorry I cried.

Sorry は I'm sorry のくだけた表現で、Sorry の後に文を続けて、「〜してごめんね」の意味で使います。こう言った後に、I won't cry.（もう泣かないから）と続けるのもいいでしょう。

6　泣かないで

Please don't cry.

Please を取って、Don't cry. なら「泣くなよ」といったニュアンスです。泣いている理由がわからなかったら、Why are you crying?（なんで泣いているの?）と尋ねます。

怒り、イラだち

1 怒ってる？

Are you mad?

Are you angry?（怒ってる？）よりもくだけた表現です。I am mad.（怒ってるよ）は am を強く発音することによって、怒っている気持ちを強調することができます。

2 腹が立ってきた

I'm getting mad.

I'm getting ～（形容詞）で、自分が意識せずに徐々にある状態になってきたことを表します。強調するなら、I'm getting so mad. のように、形容詞の前に so を置きます。

3 何がそんなにおかしいのよ？

What's so funny?

笑ったり、ふざけたりしている相手に向かって、What's so funny? と言った後に、I'm serious.（私は真剣なんだから）と続けます。「笑いごとじゃない」なら It's no laughing matter. です。

4 ムカつくなあ

I'm so upset.

目の前の具体的な言動に対し、「ムカつくなあ」と言いたいなら、That annoys me.（それは私をムカつかせる）や That's annoying.（ホントムカつく）となります。

5 何をイライラしてるの？

What's eating you?

この eat は「食べる」ではなく「悩ませる」とか「イライラさせる」という意味なので、「何を悩んでるの?」という意味で使うこともできます。

6 イライラするなあ

I feel irritated.

irritated の代わりに、annoyed や frustrated を使っても OK です。具体的な言動に対して、「イライラする」なら、That's irritating. です。

たしなめる、制止する

バカなこと言わないでよ

Don't talk nonsense.

この場合の talk は後に名詞が続く他動詞で、「バカなことを言う」という意味です。That's nonsense. も同義表現です。また、talk business なら「仕事の話をする」です。

バカげたことを言うな

Don't be ridiculous.

相手の言ったことに対して、「バカげた話だ」と吐き捨てるときは、That's ridiculous. と言います。Don't talk nonsense. と同義表現です。

愚かなまねはやめなよ

Stop being stupid.

stop being 〜（形容詞）で「〜であることをやめる」という意味で、stupid の代わりに、silly や foolish でも OK です。That's stupid. や You're stupid. も同義表現です。

4 ホント最低だね

That's really disgusting.

disgust は「ムカつかせる」という意味の動詞で、disgusting は「ムカつかせるような」とか「嫌な」という意味の形容詞です。

5 もうやめてよ！／いい加減にしてよ！

Cut it out!

「もうやめてよ！」「いい加減にしなよ！」と、相手の言動に対してすぐにやめてもらいたいときに使う表現で、Stop it! でも OK です。Knock it off! という言い方もあります。

6 もういいよ／うんざりだ

I've had enough.

「もううんざり」という意味で、That's enough! や That's enough, already! も同じ意味で使います。この場合の already は「すでに」ではなく、「もう」の意味で使われています。

警告する、非難する

1 訴えてやる

I'll sue you.

I'll 〜は、I will の短縮形で「〜する（つもり）」というその場で思いついた意思を表します。sue は文字通り「訴える」の意味で、I'll see you in court.（法廷で会おう）も同義表現です。

2 それ、ひどいよ／不公平だ

That isn't fair.

人の言動に対して、「それは公平じゃない」というのが原義です。fair の反義語を使って、That's unfair. と言っても OK です。

3 悪いのはあなたです

You're to blame.

You are to be blamed.（あなたが非難されるべきだ）の簡略形ですが、You should be blamed. も同じ意味になります。It's your fault. や You're wrong. も同義表現です。

4　他人のせいにしないでよ

Don't blame others.

blame は「非難する」とか「責める」の意味です。こう言った後に It's you who are to blame.（悪いのはあなたです）と続けてください。

5　私のせいにしないでよ

Don't blame me.

Don't blame me. の文字通りの意味は「私を責めないで」です。I don't blame you. は相手の行動に対して、「無理もないよ」の意味になります。

6　恥を知りなよ！

Shame on you!

shame には「恥」と「残念」の2つの意味があります。Shame on you! は「あなたにぬられた恥」の意味から、「恥を知れ！」の意味で使います。

警告する、非難する

7 ほらね／言ったでしょ

I told you.

Didn't I tell you so?（あなたにそう言わなかった?）よりも簡潔な表現です。I told you so.（そう言ったでしょ）でも OK です。I warned you. と言えば非難の意味が強くなります。

8 大人げないね

You're being childish.

You're childish. は「あなたは（常に）子供じみている」の意味ですが、being が入ると今だけそういう状態にあることを表します。「いい子だね」なら You're being a good boy / girl. です。

9 とぼけないでよ

Don't play stupid.

play ～（形容詞）で「～のふりをする」という意味で使います。Don't play dumb. と言っても OK です。dumb は「物が言えない」とか「頭が悪い」の意味です。

10 バカにしないでよ

Don't fool me.

4月1日をエイプリルフール（April Fool's Day）と言うように、fool は名詞で「バカ者」、動詞で、「だます」という意味があります。「うそをつかないでよ」なら Don't lie to me. です。

11 なめないでよ

Don't insult me.

「私を侮辱するな」が原義で、Don't ridicule me.（私をあざ笑うな）も同義表現です。「私をからかわないで」なら Don't make fun of me. です。

12 からかわないでよ

Don't tease me.

Stop teasing me.（私をからかうのをやめて）も同じ意味の表現です。他に、Don't pull my leg.（私の脚を引っ張るな）もあります。

警告する、非難する

13 邪魔しないでよ

Don't bother me.

bother は「困らせる」とか「面倒をかける」という意味の動詞です。Don't bother. は別の意味で、「それには及びません」とか「気を遣わないで」という意味で使います。

14 放っておいてよ

Leave me alone.

「私を一人にしてください」が原義で、「邪魔しないで」の意味で使うことができます。Mind your own business.（余計なおせっかいはするな）はかなり失礼な言い方になります。

15 うぬぼれないで

Don't flatter yourself.

「自分自身をほめるな」というのが元の意味です。Don't be conceited. と言っても OK です。「もっと謙虚になりなさい」なら、Be more modest. です。

16 怠けないでよ

Stop goofing off.

この場合の goof は「怠ける」とか「ふざける」の意味で、「怠けるのをやめなさい」が元の意味です。Don't be lazy. も同義表現です。

17 もっとまじめに考えなよ／ごまかさないで

Don't kid yourself.

この場合の kid は「だます」とか「からかう」という意味で、「自分自身をごまかすな」が元の意味です。「もっと自分に素直になりなさい」という意味にも取ることができます。

18 頭を使いなよ！

Come on, think!

Come on は命令文の前で使うときは、「さあさあ」と命令の意味を強める働きをします。文字通り、Use your head.（頭を使いなさい）という表現もあります。

注意を促す

1　足元に気をつけて

Watch your step.

「頭上に気をつけて」なら、Watch your head. です。また、イギリス英語では、watch の代わりに mind を使います。単に「危ない!」と言いたいときは Watch out! です。

2　言葉には気をつけなさい

Watch your mouth.

Watch your step. のように、watch には「注意して見る」とか「気をつける」という意味があります。Watch your mouth. の文字通りの意味は「あなたの口に気をつけなさい」です。

3　黙れ!

Shut your mouth!

Shut up! も同義表現です。「静かにしなさい」は Be quiet! ですが、単に Quiet! だけでも OK です。歯医者さんが患者に「口を閉じてください」なら Close your mouth. です。

4 世間知らずもいい加減にしなさい

Stop being naive.

naive は日本語の「ナイーブな」とは意味が異なり、「世間知らずの」とか「だまされやすい」という否定的な意味で使います。

5 ちゃんとやりなよ

Do it right.

right は「正しく」とか「うまく」という意味の副詞です。Don't get lazy.（だらだらするな）も Don't slack off.（手を抜くな）も便利な表現です。

6 見くびらないでよ

Don't underestimate me.

estimate は「評価する」という意味で underestimate は「過小評価する」、overestimate は「過大評価する」です。「私を買いかぶらないで」なら Don't overestimate me. です。

驚き

---

1 わぁ、それカッコいい！

Wow, that's cool!

驚きや喜びを表す最も一般的な間投詞が Wow!（ワウと発音します）です。cool は「カッコいい」という意味の形容詞です。OK! の意味で、Cool! と言うこともできます。

---

2 え、そうなの？

Oh, did you?

Oh は驚き、喜び、悲しみなどのさまざまな感情を表す間投詞です。Did you? はたとえば、I got a divorce.（離婚したんだ）に対して、Did you? なら「離婚したの？」の意味になります。

---

3 こりゃ驚いた！（うれしい驚き）

What a surprise!

予想外の素晴らしい行動や出来事に対する驚きを表しますが、素晴らしいことを強調したいときには、What a nice surprise! と言います。

4 　ああ、びっくりした

You surprised me.

相手が予期せぬ場所に突然現れたときのように、相手の思いもよらぬ行動にびっくりしたときに使う表現です。「びっくりさせないでよ」なら、Don't surprise me. です。

5 　もう、びっくりさせるのはやめてよ

Stop surprising me.

何度も不意を突いてびっくりさせる相手に対して、「もうやめてよ」というニュアンスです。「もう勘弁してよ」なら、Give me a break. です。

6 　これ、一体どういうこと？

What's happening here?

「一体ここで何が起こっているの?」が原義ですが、目の前に起こっていることが理解できないときに使う表現です。What's going on here? と言っても OK です。

驚き

7 え、これ何？

What is this?

たとえば、不意に相手からプレゼントを手渡されたときに発する言葉で、感情を込めて、What と this に強勢を置いて、1語1語かみしめながら言ってください。

8 やめて、冗談でしょ！

No jokes, please!

「冗談はやめて」が元の意味で、「そんなことってあるの?」という驚きの気持ちを伝える表現です。No kidding! も同義表現です。

9 え、聞いてないよ

I wasn't told.

「私は話されていなかった」が原義です。I wasn't told that.（そんなこと聞いてないよ）も You haven't told me.（私に言ってなかったよ）も同義表現です。

1 感動したよ

I'm deeply touched.

「触れる」とか「触る」の意味の touch は「心に触れる」ことから「感動させる」の意味を持ちます。同様に、move も、心を動かすことから「感動させる」という意味になります。

2 ジーンときた

It's very touching.

「感動させる」という意味の touch の形容詞が touching で「感動的な」とか「心を打つ」という意味になります。It's very moving. でも OK です。

3 それ、ホントすごいね

That's really amazing.

surprise（驚かせる）の形容詞は surprising（驚くべき）ですが、それよりも大きな驚きを表すのが amazing です。「あなたってホントすごいね」なら、You're really amazing. です。

4　それ、大したもんだね

That's really something.

something には「大したもの」という意味があります。逆に、「取るに足らないもの」ならば、nothing で、He's a nothing なら「彼はつまらんヤツだ」の意味になります。

5　涙ぐんじゃったよ

I got teary-eyed.

I got ～（形容詞）で無意識のうちに、ある状態になったことを表します。「最近、私は涙もろくなった」なら、I'm easily moved to tears these days. です。

6　これ最高だね

This is awesome.

awesome は本来、「恐ろしい」とか「畏敬の念をおこさせる」という意味ですが、特に米語では「すごい」とか「最高」の意味で使います。This is cool. でも OK です。

実践 3語 でこんなに話せる！

Sue : **What's new, Ken?**

スー ：ケン、何か変わったことある？

Ken : **Something wonderful happened, Sue.**

ケン ：いいことがあったよ、スー。

Sue : **What happened?**

スー ：何があったの？

Ken : **I became a father last week.**

ケン ：先週、父親になったよ。

Sue : **Congratulations!**

スー ：おめでとう！

羨望／失望

1 羨ましいなあ

I am jealous.

jealousy は日本語と同様に「嫉妬」や「ねたみ」を表しますが、
I am jealous. は自分の素直な羨ましさを表します。相手を目の前
にして言うなら I'm jealous of you. です。

2 いいなあ

Aren't you lucky?

「あなたって、運がいいんじゃない?」というのが原義で、日本語
の「よかったじゃない」に近い表現です。単に、Lucky you!
(君、運がいいね!)という表現もあります。

3 彼はやきもちやきだね

He's so jealous.

「嫉妬」や「妬み」という意味の jealousy と同様に、形容詞の
jealous も羨ましく思う気持ちが強く、相手に対して憎しみの気持
ちが含まれることが多い単語です。

4 よかったじゃない？

Isn't that nice?

この表現は文尾のイントネーションを下げると、やや冷たい感じを相手に与えます。「でも、私には関係ないけどね」といったニュアンスの皮肉表現です。

5 な〜んだ、がっかり！

What a disappointment!

「なんという失望！」という感嘆文です。How disappointing! や単に、Disappointing! と言っても OK です。What a let down! も同義表現です。

6 それは残念！

What a shame!

shame には「恥」と「残念な気持ち」の2つの意味があります。What a pity! も同義表現です。What a shame he can't come!（彼が来られなくて残念！）のように使うこともできます。

7 くそっ！

God damn it!

damn はもともと「呪う」という意味の動詞で、「神よ、呪いたまえ」の意味に由来します。単に、Damn! とも言います。強い意味なので使う相手には要注意です。

8 君にはガッカリだ

You disappointed me.

文字通りの意味は「あなたは私をがっかりさせた」です。You let me down. や I'm disappointed in you.（私はあなたにガッカリしている）も同義表現です。

9 私のことなんて誰もわかってくれないさ

Nobody understands me.

目の前にいる相手に向かって「あなたは私の気持ちをわからないわ」と言うなら You don't understand me. と吐き捨てるように言います。

10 やっぱりね

I knew it.

「そうなることはわかっていたよ」が元の意味です。最初からずっとわかっていたことなら、I knew it all along. です。Just as I thought.（まさに私が思った通り）も同義表現です。

11 落ち込んでいるみたいだね

You seem depressed.

落ち込んでいる様子をしている友達を見て理由がわからなかったら What's wrong?（どうしたの?）と声をかけてから You seem depressed. と言います。

12 それを考えると気がめいる

That depresses me.

That の部分に具体的なものを入れて、たとえば、Christmas depressed me. とすれば「クリスマスのことを考えると気がめいる」という意味になります。

あきれる、あきらめる

1　進歩がないね／懲りないね

You never learn.

「あなたは決して学ばない」が元の意味で、失敗しても、そこから何かを学び取ろうとする意欲がない人、という意味です。「懲りないね」の意味で使うこともできます。

2　や〜めた！

I give up!

give up は相手に自分の持っているものを「放り上げる」というのが元の意味で、「やめる」とか「あきらめる」という意味を伝えます。I quit. も同義表現です。

3　どうしようもないよ／仕方ないよ

Can't help it.

You can't help it. が元の形です。help は「助ける」という意味ではなく、「避ける」の意味で、それを避けることができないことから「仕方ない」の意味になります。

4 可能性はないね

There's no chance.

There's は There is の短縮形で、There isn't a chance. や Not a chance. と言っても OK です。具体的に、「彼が来る可能性はない」なら There's no chance he will come. です。

5 当然だね

I'm not surprised.

こちらを驚かせようと思って言った言葉に対して、「別に驚きませんよ」と返す表現です。同義表現に「不思議はない」という意味の No wonder. もあります。

6 すべてうまくいかなかったよ

Everything went wrong.

go ～（形容詞）は、好ましくないほうに「なる」という意味です。wrong は「（具合が）悪い」「正常でない」という意味の形容詞です。

動揺、パニック

1 面倒なことになったなあ！

What a hassle!

hassle は「面倒なこと」や「困難」を表す名詞で、日本語の「ハッスルする（hustle）」はまったく別の単語です。It's such a hassle. や It's such a pain. も同義表現です。

2 混乱してきた

I'm getting confused.

I'm getting 〜（形容詞）で、無意識のうちに、ある状態になることを表します。「頭が混乱している」状態なら I'm confused.、「パニック状態」なら I'm in a panic. です。

3 迷うなあ／決められないよ

I can't decide.

「決めることができない」が元の意味で、なかなか決められないときに使う表現です。He can't decide. なら「彼は優柔不断な人です」の意味になります。

4 頭が真っ白になった

I went blank.

blank は「白紙の」や「空欄の」を意味する形容詞ですが、「頭が白くなった」状態を表すこともできます。My mind went blank. も同義表現です。

5 気が変になりそう

I'm going crazy.

go は「〜になる」という意味で、悪い状態への変化を表します。I'm going 〜で、無意識のうちにある状態になっていくというニュアンスです。

6 どうなってんだろう？

What's going on?

What's happening?（何が起こっているの?）と同じ意味で、わからない状態でことが進んでいるときに使う表現です。go on は物事が「進む」「続く」という意味の熟語です。

励ます

1　心配しないで／ドンマイ

Don't (you) worry.

Don't worry. も Don't you worry. も同じように使われます。日本語で「気にしないで」という意味で使っているドンマイ（Don't mind.）は和製英語で、mind を使うなら、Never mind. です。

2　気にしないで

Just forget it.

落ち込んでいる相手に向かって、「まあ、忘れなさい」というニュアンスです。命令文の前の just は口調を和らげる働きをします。

3　元気出してね！

Please cheer up!

Please はなくても OK ですが、代わりに、Come on, cheer up!（ねえ、元気出してよ!）もよく使われます。「乾杯!」は Cheers! です。

4 なんとかなるよ

It'll work out.

It'll は It will の短縮形で、work out は「いい結果になる」という意味の熟語です。Things will work out. も同じ意味です。Everything worked out for me. なら「すべてうまくいった」です。

5 そんなこと、よくあることだよ

That (often) happens.

よくないことが相手の身に起こったときの慰めの言葉です。「なるようにしかならないよ」という意味の Whatever happens, happens. もよく使われます。

6 時間が解決してくれるよ

Time will solve.

Time heals.（時が傷を癒やしてくれる）も同じ意味で使われます。同じ意味のことわざに、Time is a great healer.（時は傷の名医）というのもあります。

応援する、勇気づける

1 頑張って！（いけいけ！）

Go for it!

it は「目標」の意味で、「目標に向かって進め」が原義で、相手を励まして「頑張れ!」の意味になります。躊躇している人や試合の応援などで使うことが多いです。

2 頑張って（食いついていけ）

Stick to it.

stick は「くっついて離れない」という意味の動詞で、何かにしがみつきながらあきらめずに頑張るというニュアンスです。Stick with it. も同義表現です。

3 ほら頑張って！（踏んばれ！）

Hang in there!

「ほら、しがみついて!」が元の意味で、困難に直面している人を励ますための表現です。there は「ほら」とか「さあ」という呼びかけの間投詞です。

4 その調子で頑張って

Keep it up.

You're doing great.（よくできているよ）の後に、Keep it up. を続けると、今の状態を維持できように「頑張って」という励ましの言葉になります。

5 いいぞ！

Way to go!

Good job! と同様に相手を励ましながら、「よくやった！」「いいぞ！」「その調子だ！」という意味を伝える表現です。

6 あきらめちゃダメだ

Don't give up.

挫折したり、くじけたりしそうな人に向かって発する言葉です。Never give up. もありますが、こちらは一般論として「人生、決してあきらめてはいけません」という意味で使います。

応援する、勇気づける

7 あと一息だよ

You're almost there.

「あなたはほとんどそこに来ている」が元の意味で、「もうすぐだよ」と相手を励ます表現です。この表現は「目的地」だけでなく「目標」に達しそうな人にも使えます。

8 もっと自信を持って

Be more confident.

自信のないネガティブな人に対してかける励ましの言葉です。その後に、I know you can do it.（君ならできることはわかっているよ）と続けることもできます。

9 気持ちはわかるよ

I've been there.

「私もそこまで行ったことがある」が元の意味で、私も同じような経験をしたことがあることから、「気持ちはわかるよ」の意味になります。I know how you feel. もよく使います。

1 人生なるようにしかならないよ

Such is life.

「そんなものだよ、人生は」が文字通りの意味です。That's the way it goes. や That is life. も同義表現です。

2 惜しかったね

That was close.

もう少しのところで目標に達することができなかった人への慰めの言葉ですが、「危なかったね」の意味で「間一髪で逃れた」ときにも使うことができます。

3 それはお気の毒に

That's too bad.

相手に対する気の毒に思う気持ちを伝える表現で、(I'm) Sorry to hear that. も同義表現です。Too bad you can't come.（あなたが来られないのは残念）のように使うこともできます。

気づかう

1 どうしたの？

What's the matter?

困っている人や、いつもと様子が違う人を見たときに言う言葉です。What's wrong? や Is something wrong? などと言っても同じ意味になります。

2 大丈夫？

Are you OK?

この場合の OK は「元気な」とか「まあまあの」という意味の形容詞です。「大丈夫です」と答えるときは、I'm OK. か I'm fine. で OK です。

3 なんだか心配だなあ

I'm kinda worried.

kinda は kind of のことで、「ちょっと」とか「なんだか」という意味の副詞です。「少し」を意味する a bit や a little よりも程度は上です。

4 気が気じゃないよ

I'm dead worried.

この場合の dead は副詞で「まったく」とか「絶対に」の意味で使われています。I'm dead broke. なら「まったくの無一文」です。

5 何か心配事でもあるの？

What's bothering you?

「何があなたを困らせているの?」が元の意味です。他の表現に、Do you have a problem? や Are you worrying about something? などがあります。

6 心配することないよ

You needn't worry.

この章で取り上げた、Don't worry. や Don't you worry. と同じ意味で使いますが、他にも、You don't have to worry. や There's no need to worry. なども覚えておくとよいでしょう。

恐れる、怖がる

1 びっくりしたなあ、もう！

You scared me!

「あなたは私を怖がらせた」が元の意味で、You surprised me! よりもびっくりする度合いが大きい表現です。You frightened me! でも OK ですが、scared のほうが口語的です。

2 怖いよ

I'm so scared.

scared は frightened よりも口語的で、びくびくした気持ちがよく表されています。具体的に何かを怖がることを伝えたいなら、I'm so scared of snakes.（ヘビが怖いよ〜）と言います。

3 びくびくしないで

Don't be scared.

何かを怖がって行動をためらっている人に対して発する言葉です。Are you scared?（怖いの?）と言って、相手をたしなめることもできます。

4 それ、怖かったよ

It was scary.

How was the haunted house?（お化け屋敷はどうだった?）と
聞かれたときに怖かったらこのように答えます。scary は物や事
柄が「怖い」「恐ろしい」という意味の形容詞です。

5 お化けは怖いよ

I hate ghosts.

「お化けは大嫌い」が元の意味です。I'm scared of ghosts. と
言ってもほぼ同じ意味になります。

6 高いところが怖いよ

I have acrophobia.

I'm acrophobic. とも言いますが、I have a fear of heights. や
I'm scared of heights. のほうが口語的な表現です。

緊張する

1 緊張してきた

I'm getting tense.

I'm getting 〜（形容詞）で、無意識のうちにある状態になることを表します。I'm getting nervous. と言っても OK です。「今緊張している」なら I'm so tense. です。

2 緊張でガタガタ震えるよ

I'm all shaky.

「震える」という意味の動詞 shake の形容詞が shaky です。緊張のあまり体全体が震える様子を伝える表現です。

3 緊張してるみたいだね

You seem nervous.

You seem to be nervous. の簡略した形です。It seems you are nervous. と言っても意味は変わりません。

4 遠慮しないで

Don't be shy.

shy は「内気で、臆病な」という意味の形容詞です。Don't be shy. は、恥ずかしがっていたり、遠慮したりしている人に向かって、「ためらわないで」というニュアンスで使います。

5 あがり症なの

I'm stage shy.

舞台に立つと臆病で内気になることから、この表現は生まれました。観衆や聴衆の前で「あがってしまう」のであれば I have a stage fright. と言うこともできます。

6 心臓がドキドキしてる

My heart's beating.

My heart's は My heart is の短縮形で、beat は「続けざまに打つ」という意味の動詞です。「ドキドキ」ではなく、「バクバク」しているなら、My heart's pounding. です。

緊張する

7　見て、この汗

Look, I'm sweating.

Look は相手の注意を引くための「ねえ」とか「ほら（見て）」などの意味を表します。sweat は名詞では「汗」、動詞では「汗をかく」の意味です。

8　パニクってる！

I'm so panicked!

panic は名詞では「パニック（状態）」ですが、動詞としては「うろたえさせる」や「うろたえる」という意味です。Don't panic. なら「うろたえるな」です。

9　私、焦ってる

I'm being impatient.

単に、I'm impatient. なら私の性格として「短気である」ことを表しますが、being を入れることによって一時的な私の状態を表しています。

実践 **3語** でこんなに話せる！

Ken : **What's wrong, Sue?**
You look sad.

ケン：スー、どうしたの？
悲しそうだね。

Sue : **My cat died yesterday.**

スー：うちのネコが昨日死んじゃったの。

Ken : **That's too bad. Cheer up.**

ケン：それは悲しいね。元気出してね。

緊張をほぐす、ハッパをかける

1 無理せずにいつもの君でいいよ

Just be yourself.

just は命令文を和らげる働きをし、「まあとにかく自分らしくしてください」というニュアンスです。You don't seem yourself. なら「あなたらしくないね」です。

2 気を楽にしてね／そうむきにならないで

Take it easy.

Don't get nervous.（緊張しないで）の婉曲表現です。「物事をのんびりとらえて」の意味から「気を楽にしてね」とか「そうむきにならないで」という意味になります。

3 恥をかかせないでよ

Don't embarrass me.

「私を困らせないで」というのが文字通りの意味です。人前できまりの悪い思いをさせたり、照れくさい思いをさせたりするのが embarrass です。

4 いいか、気をつけろよ

I warn you.

「私はあなたに警告する」が直訳で、進行形で、I'm warning you. とも言います。過去形で、I warned you. なら I told you.（ほら、だから言ったじゃない）よりも強い意味になります。

5 忘れないでよ！

Don't forget it!

頼んだことを「忘れないでね」と念を押す表現です。何を忘れないでほしいのか具体的に言いたいときは、Don't forget to lock the door.（ドアにカギをかけるの忘れないで）です。

6 よ〜く考えてよ

Think it over.

over は動詞とともに、何度も何度も繰り返す動作を表します。相手に助言をするときの常套句の You should を使えば、You should think it over.「よ〜く、考えたほうがいいよ」です。

恥じらう

1 恥ずかしいなあ

I'm so embarrassed.

embarrassed は、たとえば、誰でも知っているような問題に答えられないときのように、人前でドギマギしたり、きまりが悪かったりする心の状態を表す形容詞です。

2 ホント照れくさいなあ

It's really embarrassing.

embarrassing は「人にきまりの悪い思いをさせる」とか「照れくさい思いをさせる」という意味の形容詞です。

3 面目ない

I'm so ashamed.

「恥」や「残念な思い」を表す名詞の shame の形容詞が ashamed ですが、社会的または道徳的な罪の意識が原因で生じる「恥ずかしさ」や「恥」も意味します。

第2章

考えは
3語でこんなに伝わる!

Make it simple.

あなた、するどいね

彼は気が利くね

なんて口うるさいヤツ!

恩に着ます

お互いさま

癖になりそう

インスタ映えする!

こってりしすぎ

割り勘で!

まだしらふだよ

領収書をお願いします……etc.

ほめる—才能・賢さ

1　歌が上手ですね

You sing well.

You're a good singer. も同義表現です。well の前に、pretty や very をつければ「かなり、とても」と強調することもできます。

2　料理が上手ですね

You cook well.

You're a good cook. も同義表現ですが、You cook like a pro. なら「プロ並みに料理が上手ですね」というさらなるほめ言葉になります。

3　才能があるね

You're very talented.

talented は「生まれつきの才能を持った」という意味の形容詞です。具体的な才能を示したいときは、You're very talented in painting.（絵の才能あるね）となります。

4 天才だね

You're a genius.

生まれつきの才能、つまり「天才」や「非凡な能力」を表す語です。具体的な才能を示したいときは、You're a genius at language.（あなたは語学の天才だ）となります。

5 どんどん腕を上げてきたね

You're getting better.

You're getting ～（形容詞）で、自然のうちにある状態になることを表します。具体的に「あなたの英語はどんどん上手になってきたね」なら、Your English is getting better. です。

6 あなたって最高

You're the best.

何か自分にいいことをしてくれた人に対するほめ言葉です。Thanks.（ありがとう）と言ってから You're the best. と続けます。

ほめる―才能・賢さ

7　あなたって頭がいいね

You're so smart.

smart には、日本語で「ほっそりとした」という意味で使う「スマートな」という意味はなく、「頭のいい」とか「賢明な」の意味で使います。

8　あなたって頭が切れるね／あなた、するどいね

You're so sharp.

刃物などが「よく切れる」のが sharp ですが、これが人を形容するときは、誠実さに欠けるところはあるが「頭の切れる」という意味を持ちます。

9　あなたって物知りだね

You're well informed.

「あなたは十分に情報を与えられている」というのが元の意味で、単に、You know a lot (of things).（たくさん知っていますね）とも言います。

ほめる―ルックス

1　彼はイケメンです

He's a looker.

He's a good looker. とも言いますが、looker は美形の女性についても使うことができます。また、He's good-looking. という表現もあります。

2　彼ってハンサムだなあ

He's so handsome.

単に外見的な容姿のよさを表すのが good-looking ですが、handsome はそれだけでなく、内面的な性格も含めて使う形容詞で、主に男性に対して使われます。

3　彼女はとてもかわいい

She's so pretty.

女性の美貌についてほめるときは、pretty（かわいい）の他に、beautiful（美しい）や lovely（愛らしい）などの形容詞を使います。

ほめる―ルックス

4　彼女には気品がある

She has class.

class には「品格」とか「気品」という意味があります。She has real class. なら「彼女は実に品格がある」、She has no class. なら「彼女には品格がない」です。

5　カッコいいですね

You look cool.

cool は元々「涼しい」「冷静な」という意味の形容詞ですが、転じて「カッコいい」とか「イケてる」の意味になりました。

6　それ、似合ってますね

That suits you.

服装や色などが似合っていることをほめる表現です。身に着けているものがズボン（pants）や靴（shoes）ならば複数扱いになるので、Those suit you. となります。

実践 **3語** でこんなに話せる！

Sue : **How're you doing, Ken?**
スー：ケン、調子はどう？

Ken : **I'm pretty fine, thank you.**
ケン：とっても調子いいよ。

Sue : **You look cool today.**
スー：今日の服、カッコいいね。

Ken : **You, too.**
 Orange suits you well.
ケン：君もね。
　　　オレンジ似合うよ。

85

ほめる―努力・頑張り

1 よくやった！

You did it!

あることを自分が達成したときには、I did it!（やった～!）ですが、相手が達成したことをほめる場合は You did it! です。You made it. も同義表現です。

2 尊敬します

I respect you.

具体的な行いに対しては、I respect you for what you've done.（あなたのしたことに敬服しています）のように表現します。Respect yourself. なら「自分を大切にしなさい」です。

3 立派です

I admire you.

admire は「ほめる」とか「敬服する」という意味の動詞で、相手の言動に対して感心したときの気持ちを伝える表現です。I respect you. よりもほめる度合いがはるかに強いです。

4 よかったね

Good for you.

相手に何かいいことがあったときや相手の立派な行為をほめる表現です。「おめでとう！」を意味する Congratulations! よりもくだけたニュアンスです。

5 よく頑張ったね！

You did good!

You did great! とも言いますが、これは You did a good (=great) job! を簡略化した表現です。さらに、くだけた感じでは、Good (=Great) job! や Well done! は「よくやった！」です。

6 バッチリだよ

Nothing to complain.

There's nothing to complain.（何も文句を言うことがない）の簡略化した表現です。It's perfect.（完璧だよ）と言っても同じ意味になります。

ほめる―気立て・性格

1 あなたはホント大したものです

You're really something.

something には「大したもの（人）」とか「かなりのもの（人）」
という意味があります。相手の言った言葉を受けて、「それホン
トすごいもんだね」なら That's really something. です。

2 彼は陽気ですね

He's so cheerful.

cheerful は性格が「陽気である」という場合の他、表情などが
一時的に「機嫌のいい」という意味で使うこともできます。

3 彼は心が広いですね

He's so broad-minded.

He's so open-minded. や He's so liberal. も同義表現です。反
対の意味は、He's so narrow-minded. や He's so close-minded.
（彼は心が狭いですね）です。

4 　彼は気が利くね

He's so thoughtful.

That's very thoughtful of you. なら「お気遣いありがとうございます」の意味になります。「薄情な」とか「気が利かない」なら、thoughtless です。

5 　彼は気前がいいですね

He's so generous.

How generous（he is）! は「彼はなんて気前がいいんだろう！」という強調表現ですが、He's so stingy. の意味で、ケチな人に対して皮肉の意味を込めて使うこともあります。

6 　彼は度胸がありますね

He has guts.

guts は「はらわた」や「内臓」が元の意味で、「度胸」や「根性」の意味で使うことができます。He has courage. や He's so courageous. も同義表現です。

7 彼は頼もしいですね

He's so reliable.

reliable（頼もしい）の動詞 rely（頼る）を使って、You can rely on him.（彼に頼ることができます）でも OK です。You can rely on me. なら「私に任せなさい」です。

8 彼は楽しい人ですね

He's fun.

fun は「楽しみ」や「面白い人／こと」という意味の名詞です。「彼と話していると楽しい」なら He's a lot of fun to talk to. と言うこともできます。

9 彼って、すごく面白いね

He's so funny.

笑いを誘う意味で「おかしい」とか「滑稽な」の意味の形容詞ですが、「体調が悪い」という意味で使うこともできます。I feel funny. なら「気分が悪い」の意味です。

1 彼は臆病者だね

He's a chicken.

元々、ニワトリのように小さい心臓を持ったという意味の
chicken-hearted（小心の）に由来します。You chicken!（や
〜い、弱虫!）は主に子供が使う表現です。

2 なんてダメなヤツ！

What a loser!

loser は「敗者」の意味から、「何をやってもうまくいかない人」
の意味で使います。He's a born loser. なら「彼は何をやっても
ダメなヤツだ」です。

3 なんて口うるさいヤツ！

What a nag!

nag は「口うるさく言う人」で、Don't be such a nag. なら「そん
な口うるさく言うな」の意味です。nag には動詞もあって、Stop
nagging me. なら「いちいちうるさいよ」です。

けなす

4 君は口だけだよ

You're all talk.

「君は口だけでまったく行動が伴わない人だ」ということを伝える表現です。こう言った後に、You never do anything.（君は何もしないじゃないか）などと続けます。

5 あなたって、おしゃべりね！

You big mouth!

You have such a big mouth. の簡略形で、大きな声で人のうわさ話などをする人に対して、「口が軽い」という意味で使います。

6 彼はくそまじめだね

He's too serious.

「彼はあまりにもまじめすぎる」が元の意味です。You look serious today. なら「今日は深刻そうな顔をしているね」です。

7 彼はつまらないヤツだね

He's so boring.

bore は「うんざりさせる」という意味の動詞です。形容詞の boring は「人をうんざりさせるほどつまらない」という意味で、He's so bored. なら「彼はとても退屈している」です。

8 彼は怒りっぽいね

He's so short-tempered.

short-tempered は「気が短い」が元の意味です。He's easy to get mad / angry. とも言います。temper は「短気」「気分」の意味で、He's in a bad temper. なら「彼は機嫌が悪い」です。

9 彼はケチなヤツだね

He's so cheap.

cheap は品物が「安い」とか「安っぽい」というのが元の意味ですが、人が「ケチな」とか「しみったれの」という意味で使うこともできます。stingy でも OK です。

けなす

10 彼はスケベだ

He's so dirty-minded.

「汚い」という意味の dirty には、「卑猥な」とか「下品な」という意味もあります。Dirty old man! なら「年配のいやらしいやつ!」という意味で、日本語なら「スケベじじい!」です。

11 彼は薄情だ

He's so heartless.

heartless は「心がない」が原義で、「薄情な」とか「冷酷な」という意味の形容詞です。「心の込もった贈り物」は、a heartfelt present です。

12 彼は子供じみてるね

He's so childish.

childish は大人が「子供っぽい」という意味の形容詞です。Don't be childish. や Stop being childish. なら、「子供っぽいまねはやめなよ」です。

1 どうもありがとう

Thanks a lot.

改まった場面で感謝の気持ちを表す最も一般的な表現は、Thank you (very much). ですが、くだけた場面ではこちらを使います。Thanks a million. という表現もあります。

2 ありがとうございます

Thank you, sir.

フォーマルな場面で Thank you の後に、sir をつけると上司や目上の人に、尊敬を込めた感謝の気持ちを伝えられます。相手が女性の場合は、sir の代わりに、ma'am を使います。

3 恩に着ます

I'm much obliged.

I'm much obliged to you. の簡略化した形です。「私はあなたに恩義を感じています」が元の意味で、改まった場面で使います。単に、Much obliged. とも言います。

感謝する

4 どうもありがとう／お気遣いなく

You shouldn't have.

プレゼントをもらったときに返す表現です。You shouldn't have done that.（そんな気を遣ってくれなくてもよかったのに）の簡略した形です。

5 感謝します

I appreciate it.

改まった場面で使います。Thank you.（ありがとうございます）と言った後に、I appreciate it. と言うことも多いです。I appreciate your help. なら「ご協力に感謝します」です。

6 大変感謝しています

I owe you.

「私はあなたに借金／借りがあります」という意味もあります。I owe you a lot. とすれば、「あなたにたくさんの借金／借りがあります」か、「大変感謝しています」のどちらかの意味になります。

7 いろいろありがとう

Thanks for everything.

Thank you for everything you have done for me.（あなたが私にしてくれたすべてのことに感謝します）を簡略化した表現です。「プレゼントありがとう」なら Thanks for the present. です。

8 とにかく、ありがとう

Thank you anyway.

実際には役に立つことはなかったけれど、「あなたのご好意には感謝します」という気持ちを伝える表現です。

9 おかげさまで

Thanks to you.

あなたのおかげで、あることを達成することができたことを伝える表現です。Thanks to you, I passed the exam.（あなたのおかげで試験に合格しました）のように使っても OK です。

感謝する

10 ホント助かったよ！

That really helps!

That really helps me out. の短縮形で、Thanks（ありがとう）と言った後に言います。

11 どういたしまして

Don't mention it.

日本人にとって、「どういたしまして」の最も一般的な表現は、You're welcome. ですが、Don't mention it.（そのことは言わないで）もよく使われる表現です。

12 こちらこそどういたしまして

It's my pleasure.

「こちらこそありがとうございました」という気持ちが込められています。The pleasure is mine.（その喜びは私の喜びです）も同義表現です。

13 とんでもないです

Not at all.

Thank you.（ありがとう）のお礼に返す言葉の1つで、「全然、感謝には及びません」の意味で使われます。

14 ホント大したことないよ

It's really nothing.

「いやいや全然」といったニュアンスです。単に Nothing. でもOK です。また No problem.（問題ありません）もよく使われます。

15 お礼を言わなければいけないのはこちらのほうです

No, thank you.

Thank you.（ありがとう）と言われたとき、「お礼を言いたいのはこちらのほうです」という気持ちを伝えたいときには、No, thank you. の you の部分を強く発音します。

謝罪する

1　どうもすみません

I'm very sorry.

謝るときの最も一般的な表現です。very は so に変えても OK で、友達同士なら単に、Sorry. だけでもかまいません。

2　遅れてすみません

Sorry, I'm late.

I'm sorry, I'm late. を簡略化した表現です。「長い間待たせてすみません」なら、Sorry to have kept you waiting so long. です。

3　私のせいです

It's my fault.

Sorry, it's my fault.（ごめん、私が悪いんです）のように、直前に Sorry を入れるのが自然な表現です。Sorry, I was wrong. なら「ごめん、私が間違ってた」です。

4 お詫びしなければなりません

I must apologize.

改まった場面で謝罪をするときの表現です。「お詫びのしようがありません」なら、I don't know how I can apologize. です。

5 許してください

Please forgive me.

本当に許してもらいたい気持ちを伝えるためには、I'm very sorry. と言った後に、Please forgive me.（どうか許してください）と言うのがいいでしょう。

6 ごめん、いけねぇ

Sorry, my bad.

自分のした失敗や落ち度について軽い感じで謝るニュアンスです。相手に指摘されてからでも自分からでも使える表現です。Oh, my bad. Sorry. と言っても OK です。

ゆるす

1 大丈夫ですよ

That's all right.

I'm sorry.（ごめんなさい）と謝った相手に対して、「いいんですよ」とか「大丈夫ですよ」というニュアンスです。Don't worry.（気にしないで）や That's OK.（大丈夫）でも OK です。

2 いいんですよ

Please don't be.

I'm sorry.（ごめんなさい）と謝った相手に対して、「謝らなくてもいいですよ」という意味です。Please don't be sorry. の sorry を省略した形です。

3 もういいよ

Forget about it.

もう根に持っていないから、そのことは忘れなさい、というニュアンスです。謝られないと気がすまないなら、You should be sorry.（謝ってもらわないとね）と言ってください。

4 自分を責めないで

Don't blame yourself.

「自分自身を責めないで」が元の意味で、こう言った後に、It wasn't your fault.（あなたのせいじゃないよ）とか Couldn't be helped.（仕方なかったよ）などと加えましょう。

5 お互いさま

The feeling's mutual.

The feeling's は The feeling is の短縮形で、「気持ちは相互的です」というのが元の意味です。It works both ways. という言い方もあります。

6 冗談だよ！

I'm just kidding!

I won't forgive you!（許さない）と言った後に使います。一度相手にヒヤッとさせてからホッとさせる決まり文句です。Just kidding! でも OK です。

後悔、残念

1　後悔しているよ

I regret it.

「私はそれを後悔している」が直訳です。「後悔なんてしないよ」なら I won't regret it. です。I regret lying to him. なら「彼にうそをついたことを後悔しているよ」です。

2　後悔するよ

You'll regret it (later).

「いずれ後悔することになるよ」と、相手の行為を思いとどまらせる警告の表現です。You'll be sorry. と言っても OK です。You won't regret it. なら「君には後悔させないよ」です。

3　軽率だったよ

I was careless.

That was careless of me. という言い方もあります。「あなたは軽率だったね」なら、You were careless. か That was careless of you. です。

4 　悪いと思っているよ

I feel guilty.

guilty は「罪の意識を感じる」とか「やましい」気持ちを伝える
形容詞です。「彼にうそをついて気がとがめる」なら、I feel
guilty lying to him. です。

5 　わかっていたんだけど

I should've known.

should've known は should have known の短縮形で、「知って
いたはずだったのだが」という意味です。should have ～（過
去分詞）で「～するべきだったのだが」の意味になります。

6 　またやってしまった！

I goofed again!

グーフィー（Goofy）はディズニーのちょっとドジなキャラクターで
すが、goof は米語のくだけた表現で「へまをやる」とか「ドジ
を踏む」という意味です。

賛成する／反対する

1 あなたは賛成ですか？

Do you agree?

「私の言うことに賛成ですか？」なら、Do you agree with me? とか Do you agree with my opinion? と言います。

2 全面的に賛成です

I completely agree.

completely の代わりに totally でも OK です。その他、全面的に賛成する表現としては、I couldn't agree more.（これ以上の賛成の表し方はできない）があります。

3 それに賛成です

I'm for it.

前置詞の for には「〜に賛成して」とか「〜を支持して」という意味があります。「私はあなたの意見に賛成です」なら I'm for your opinion. です。

4 おっしゃる通りです

You said it.

「あなたはまさにそう言った」が元の意味で、You can say that again.（もう1回言ってもいいですよ）も同義表現です。

5 同感です

I'm with you.

I'm with you on this point. なら「この点ではあなたと同意見です」の意味になります。また、I'm with you so far. なら「ここまではあなたと同意見です」の意味です。

6 そう思います

I think so.

「私もそう思います」なら、I think so, too. です。That's exactly what I wanted to say. なら、「それはまさに私が言いたかったことです」の意味になります。

賛成する／反対する

7　それで決まりですね

That's a deal.

ある提案に対して、「それで決まりです」という意味で、それに決まったから約束を守ってくださいね、というニュアンスです。deal は「取引」という意味の名詞です。

8　同意できません

I don't agree.

「あなたの言うことに同意できません」なら、I don't agree with you. か I don't agree with your opinion. です。あなたの提案や計画に同意しないなら、I don't agree to your proposal / plan. です。

9　絶対に反対です

I totally disagree.

totally の代わりに、definitely や completely を使っても OK です。「その計画には絶対反対です」なら、I totally disagree with the project. です。

10 反対です

I'm against it.

「〜に対して」という意味を持つ前置詞の against には、「反対」の意味もあります。「あなたは私の意見に賛成ですか反対ですか?」なら、Are you for or against my opinion? となります。

11 そうかな／それはないだろうな

I doubt it.

doubt は「そうではないと思う」という意味の動詞です。I don't think so.（そうは思わない）も同義表現です。

12 それは間違ってるよ

That's not true.

相手の言ったことに対して否定する表現です。相手の言ったことが的を射ていなければ、That's not to the point. と言います。

頼む

1 私に聞かないでよ

Don't ask me.

私に聞かれても困るから聞かないで、というニュアンスです。I quit my job.（仕事辞めちゃった）のあとに、Don't ask me why.（理由は聞かないで）のように使うこともできます。

2 秘密だよ

Keep it (a) secret.

Keep it a secret.（それを秘密にしておいて）が本来は正しい形です。Just between you and me.（ここだけの話だよ）もよく使われます。

3 静かにして

Keep it down.

Be quiet. も同義表現です。Keep your voice down. なら「声を小さくして」の意味になります。

4 もっとゆっくり話して

Speak more slowly.

Could you speak more slowly? なら丁寧な表現になります。「もっと大きな声で話して」なら、Speak a little louder. です。「もっとはっきり話して」なら Speak more clearly. です。

5 サインしてください

Your autograph, please.

Could I have your autograph? が丁寧な言い方で、著名人などにサインをお願いする表現です。クレジットカードで買い物をするときにする「サイン（=署名）」は signature です。

6 タクシーを呼んで

Call (me) a taxi.

Could you call a taxi? なら丁寧な言い方になります。call の代わりに get を使って、Could you get me a taxi? としてもいいでしょう。

7 誰にも言わないで

Don't tell anybody.

This is just between you and me.（これはあなたと私の間だけのことです）と同じように、内緒の話を切り出すときの決まり文句で、Don't tell anybody, but …と続けます。

8 約束だよ

Can you promise?

「約束を守れる?」が元の意味で、「約束だからね」の意味になります。Can you keep a promise? や Can you keep a secret? と言ってもいいでしょう。

9 荷物を見てて

Watch my baggage.

watch（見る）は「注意しながらじっと見る」という意味で使います。Look at my baggage. だと単に「私の荷物を見て」という意味だけで、見張る意味にはなりません。

10 手ぶらで来て

Just bring yourself.

相手をパーティーなどに誘ったときに、「手ぶらで来てください」の意味に使います。「食べ物持参で」なら Bring some food.、「奥さんを連れて来て」なら Bring your wife. です。

11 私も仲間に入れて

Count me in.

Do you wanna join us?（一緒にどう？）と聞かれて、「私も頭数に入れておいて」というニュアンスで使います。「今回は遠慮しておく」なら、You can count me out this time. です。

12 もっと具体的に言って

Be more specific.

改まった場面では Could you be more specific? ですが、遠回しに回りくどい話をしている人に対して発する一言です。

誘う

1 ショッピングに行かない？

Wanna go shopping?

Do you want to go shopping?（ショッピングに行きたい?）が元の文で、「ショッピングに行かない?」という相手を誘う表現です。wanna は want to のくだけた表現です。

2 一緒にどう

Come join us.

Come and join us. の簡略形で、「来て私たちに加わりなさい」が元の意味です。Why don't you come and join us? と言ってもいいでしょう。

3 お茶しようよ

Let's do coffee.

Let's ～（動詞の原形）で、「（みんなで）～しましょう」ですが、do coffee は日本語の「お茶をする」と同じ発想の表現です。「ランチしよう」も Let's do lunch. です。

実践 3語 でこんなに話せる！

Ken : **What's up, Sue?**

ケン：スー、何かある？

Sue : **Hi, Ken.**
I'm having a party tonight.
Wanna join us?

スー：こんにちは、ケン。
今夜パーティーがあるんだ。
来る？

Ken : **Yeah, I'd love to.**
What shall I bring?

ケン：うん、行きたい。
何、持っていけばいい？

Sue : **Just bring yourself.**

スー：手ぶらで来て。

承諾する

1 いいよ／かまいませんよ

Not a problem.

相手からの依頼や許可を求められたときの返事として、「お安い
ご用です」「かまいませんよ」の意味で使われます。No problem.
も同義表現です。

2 お安いご用です

Piece of cake.

That's a piece of cake.（それはケーキ一切れを食べるようなも
のです）を簡略化した表現で、何かを頼まれたときに日本語で言
う「そんなの朝飯前」と同じニュアンスです。

3 なんなりとも

Anything for you.

I'll do anything for you.（あなたのためなら、なんでもします）
の簡略形です。You name it. も「なんでも言ってください」の意
味で使います。

4 いいね

That sounds great.

相手の提案や勧誘に対して、賛同するときの表現で、That を省略して、Sounds great. と言っても OK です。That's a good idea. なら「それはいい考え」の意味です。

5 いいよ、もちろん

Sure, why not?

相手から何かの誘いを受けたときに承諾する表現に、Sure. / OK. / All right. / Why not? などがありますが、Sure, why not? の組み合わせで使うことが多いです。

6 どうぞ、ご遠慮なく

Be my guest.

人から何かを頼まれたときの快諾を伝える表現です。たとえば、May I use your phone?（お電話をお借りしてもよろしいですか？）に対してこのように応じます。

承諾する

7 喜んで

I'd love to.

I'd は I would の短縮形で、相手の誘いに対して、「そうしたい」という気持ちを表します。I'd like to. も同義表現です。

8 誘ってくれてありがとう

Thanks for asking.

相手が誘ってくれたことに対する感謝の気持ちを表します。「気を遣ってくれてありがとう」「聞いてくれてありがとう」などの意味でも使います。

9 待ち遠しいな

I can't wait.

文字通り「私は待つことができない」という待ちきれない気持ちを伝える表現。I can hardly wait. も同義表現です。I can't wait to see you. なら「あなたに会うのが待ち遠しい」です。

10 おっしゃる通りなんでもします

Whatever you say.

「あなたの言うことはなんでも」が元の意味で、相手の依頼や要求に対して、100%従うことを伝える表現です。

11 そうですね

Might as well.

たとえば、Do you want to go shopping?（買い物に行かない?）という相手からの誘いに対して、気乗りしないニュアンスで「そうですね」「行きましょうか」と返す感じです。

12 選択権は君にあるよ

It's your choice.

The choice is yours. も同義表現です。他に、It's you to decide.（決めるのは君だよ）や It's up to you to decide.（決めるのは君に任せるよ）などもあります。

しぶる、断る

1 どうしてもとおっしゃるなら

If you insist.

相手からの強い依頼や提案を断りきれずに承諾する表現です。
All right, if you insist.（どうしてもと言うならわかりました）など
と言います。

2 今はやめておくわ

I'll pass now.

何かを誘われたときに、「今はやめておきます」の意味です。
「今回はパスする」なら、I'll pass this time. です。

3 忙しくて手が離せないんだ

I'm tied up.

Can you give me a hand?（ちょっと手伝ってくれる?）のように、
何かを頼まれたときに手が離せなくて断るときの表現です。
Sorry, I'm tied up. などと言います。

4 先約があるんだ

I'm already booked.

book は「予約する」という意味の動詞です。I have another appointment.（先約があります）も同義表現です。

5 また今度ね

Maybe next time.

相手の誘いに対して、やんわりと断る表現です。Not this time.（今回はやめておきます）や Maybe some other time.（たぶんまた別のときに）も同義表現です。

6 ごめんね、ダメなの

Sorry, I can't.

まずはこのように言ってから、I have another appointment.（先約があるの）とか Can I have a rain check?（次の機会に誘ってくれる?）と返します。

空腹を告げる

1 小腹が減った

I'm peckish.

鳥がくちばしで穀類を「つつく」とか「ついばむ」という意味の動詞 peck が形容詞になったもので、「小腹が空いた」の意味になります。

2 お腹がめちゃ減った

I'm so hungry.

普通に「お腹が減った」ことを表す最も一般的な表現です。「まだお腹が減っていない」なら、I'm not hungry yet. で、「お腹減った?」なら、Are you hungry? です。

3 お腹がグーグー鳴っている

My stomach's growling.

My stomach's は My stomach is の短縮形です。「空腹で」を強調したいときには、My stomach's growling with hunger. と言います。

外食をする

1 外食しよう

Let's eat out.

eat out は文字通り「外で食べる」から「外食する」という意味です。「外食より家で食べるのがいい」なら、I'd rather eat in. と言います。

2 店内でお願いします

For here, please.

ファストフード店では、For here, or to go?（ここでお召し上がりですか、お持ち帰りですか?）と聞かれます。「持ち帰り」の場合は To go, please. と答えます。

3 これはどんな料理ですか?

What's this like?

What's は What is の短縮形です。メニューを指さしながら、それがどんなものであるかを尋ねる表現です。What is this cocktail like? なら「このカクテルはどんなものですか?」です。

外食をする

4 この店のお薦めは？

What's good here?

What's は What is の短縮形です。「ここでおいしいものはなんですか?」が元の意味です。Do you have any recommendations?（お薦めは何かありますか?）と言っても OK です。

5 どんな調理法ですか？

How's it cooked?

How's は How is の短縮形で、「どのように料理されますか?」が元の意味です。How do you cook this?（どうやって料理しますか?）と聞いてもいいでしょう。

6 これにします

I'll have this.

メニューを指さしながら注文する表現です。この場合の have は「食べる」の意味ですが、改まった場面では eat の代わりに have を使います。

7　それを2つください

Make that two.

他の誰かが注文したものと同じものを注文するときの表現です。「それ2つ作ってください」といったニュアンスです。「それを3つ」なら、Make that three. です。

8　同じものにします

Same one, please.

I'll have the same one, please. のくだけた表現です。自分の前に注文した人と同じものがほしいときに使う表現です。

9　取り皿をお願いします

Extra plate, please.

Can I have an extra plate, please? のくだけた表現です。2枚以上ほしいときは、Extra plates, please. です。「お皿をあと3枚お願いします」なら Three more plates, please. です。

外食をする

10 飲み物は？

Anything to drink?

Would you like anything to drink? のくだけた表現です。答えるときは、たとえば「コーラ」なら One Coke, please. と最後に please をつけてください。

11 （あなたに）乾杯！

Here's to you!

乾杯の発声で最も一般的なのが Cheers! ですが、グラスを上げて Here's to ～（人）と言うと、その「人」に乾杯!という意味になります。

12 おいしそう

This looks delicious.

delicious は「とてもおいしい」という意味の形容詞でほめ言葉として使います。This を省略して、Looks delicious. も OK です。

13 コショウを取って

Pass (me) the pepper.

食卓で、他の人の前にあるものに手を伸ばして取るのはマナー
違反です。必ず、Pass (me) the 〜と言って取ってもらいます。
改まった場面では Could you pass me the pepper? です。

14 コーヒーのお代わりをお願いします

More coffee, please.

Can I have more coffee, please? のくだけた表現です。
Another cup of coffee, please? と言っても OK です。

15 落としちゃいました

I dropped it.

ウエーターに落としたものを指さしながら、Sorry, I dropped it.
（すみません、落としてしまいました）と言って交換してもらいま
す。

外食をする

16 ご注文はよろしいですか？

Ready to order?

Are you ready to order?（ご注文の用意はできていますか？）の簡略形です。まだの場合は、No, not yet.（いいえ、まだです）、注文が決まったら Can I order?（注文いいですか？）です。

17 デザートメニューをお願いします

Dessert menu, please.

May I see the dessert menu, please? のくだけた表現です。単なるメニューなら、Menu, please? です。レストランでは自分がほしいものの後に、please をつけて注文してください。

18 もう食事はすみましたか？

Are you finished?

Are you done? と言うこともできますが、食事に限らず、「もうすみましたか?」とか「もう終わりましたか?」の意味で使うことができます。

19 もうお腹いっぱい

I'm so full.

お腹がいっぱいでもうこれ以上食べられないというニュアンスです。I've eaten too much. や I've overeaten. なら「食べすぎた」です。

20 ごちそうさま

That was delicious.

欧米には日本語の「ごちそうさまでした」に相当する表現はないので、That was delicious.（おいしかったです）と表します。

21 味はどう？

How is it?

「味はどう？（How does it taste?）」とか「おいしい？（Is it good?）」という意味で使います。その他に、How do you like it?（どんな感じですか？）もよく使われます。

料理の味—おいしい

1 癖になりそう

This is addictive.

How is it?（味はどう?）と聞かれてこう答えれば、「癖になりそうなくらいおいしい」ことを伝えることになります。addictive は「癖になる」という意味の形容詞です。

2 これ、いい匂い

This smells good.

This smell is good.（この匂いはいい）と言っても OK です。「味がいい」場合は、This tastes good. です。

3 これ、よだれが出そう

This looks mouth-watering.

water には動詞に「よだれを出す」という意味があります。My mouth is watering. と言っても同じ意味になります。

4 それ大好き

I love it.

I like it.（それ好きです）よりも意味の強い表現です。相手の着ている服を見て、I love it. と言えば、ほめ言葉になります。

5 インスタ映えする！

It's so instagrammable!

instagram（インスタグラム）の形容詞形の instagrammable は「インスタ映えする」という意味です。

6 辛くておいしい

It's nice and spicy.

nice and の後に、本来はネガティブな形容詞が来てもほめ言葉になります。

料理の味—まずい

1 これまずい

This tastes awful.

「これはひどい味がする」が元の意味です。This is awful. /
This is terrible. なども同義表現です。

2 かたい

I can't chew.

「噛むことができない」が原義です。「噛みにくい」という意味の
tough を使って、This is tough. と言っても OK です。tough は
特に肉が「かたい」という意味で使います。

3 まだ生です

It's still raw.

レストランで生焼けの料理が出されたときに使える表現です。It's
still raw. と言った後に、Please cook it well.（よく調理してくだ
さい）と言ってください。

4 これ、辛すぎ

It's too spicy.

It's too 〜（形容詞）で、「あまりにも〜すぎる」という否定的な
内容を伝える表現です。「ピリッとした辛さ」を表すのは spicy、
普通の「辛さ」は hot で表します。

5 こってりしすぎ

It's too heavy.

「重い」という意味の heavy は料理に限定すると、「こってりとし
た」「胃にもたれる」という意味になります。I had a heavy meal.
なら、「こってりとした食事をした」です。

6 脂っこすぎる

It's too fatty.

「脂肪」を意味する fat の形容詞で、「太った、デブの」という
意味の他に、肉が「脂肪の多い」、料理が「脂っこい」という
意味があります。

料理の味―まずい

7　これ、味が薄い

This is bland.

食べ物が「薄味」で「味がない」ことを表す否定的な意味を持つ形容詞です。他に否定的な意味で、This beer is stale.（このビールは気が抜けている）があります。

8　いまいちかな

I've had better.

How do you like it?（どう? おいしい?）という質問に対して、I've had better.（いまいちかな）と応じます。「もっとおいしいものを食べたことがあるよ」が元の意味です。

9　あまりおいしくない

Not very good.

How is it?（味はどう?）と聞かれて、こう返します。「まあまあかな」なら It's OK. です。Not very bad. なら「まずくはないよ」「おいしいよ」の意味になります。

実践 **3語** でこんなに話せる！

Waiter : **Ready to order?**
ウエイター ：ご注文はよろしいでしょうか。

Customer1 : **Yes, I'll have today's special.**
お客1 ：今日のスペシャルをお願いします。

Customer2 : **Make that two, please.**
お客2 ：それを2つお願いします。

Waiter : **Certainly.**
Anything to drink?
ウエイター ：かしこまりました。
何かお飲み物はいかがですか。

Customer1 : **Ginger ale, please.**
お客1 ：ジンジャーエールをお願いします。

Customer2 : **Same one, please.**
お客2 ：同じものをお願いします。

Waiter : **Anything else?**
ウエイター ：他に何かございますか。

Customer1 : **That's it for now.**
お客1 ：とりあえず、それでお願いします。

支払う

1 私のおごりです

It's on me.

This is my treat.（これは私のおごりです）、I'll treat you to dinner.（食事をごちそうします）などの同義表現がありますが、It's on me. が最も一般的な表現です。

2 勘定は別々でいいですか？

Separate checks, OK?

Can we have separate checks, please? のくだけた表現です。イギリスならば、Separate bills, please. です。単に、「お勘定をお願いします」なら、Check / Bill, please. です。

3 割り勘で！

Let's go fifty-fifty!

「五分でいこう」が元の意味で、Let's split the bill.（勘定を分けよう）の意味を伝えます。

1 朝食はできた？

Is breakfast ready?

「朝食の準備できたよ」なら、Breakfast is ready. です。ホテルで「朝食はいつ準備できますか?」と聞きたいときは、When is breakfast ready? と聞いてください。

2 朝食は抜こう

I'll skip breakfast.

I'll は I will の短縮形で、そのときの思いつきで「〜しよう」という意味です。There is no time for breakfast.（朝食をとる時間がない）も同じような意味になります。

3 夕食は何？

What's for dinner?

「今日の夕食は何?」なら What's for today's dinner?、「今日のおやつは何?」なら What's for today's snack? です。

食事について

4 夕食ができましたよ

Dinner is ready.

Dinner is ready.（夕食ができました）と言われたら、I'm coming.（今行きます）と返します。Dinner is ready. は（It's）Time for dinner.（夕食の時間です）もほぼ同じ意味になります。

5 ごはん冷めちゃうよ

Food's getting cold.

Food's は Food is の短縮形です。get は自然の成り行きで、ある状態になることを表します。「冷めないうちに食べよう」なら Let's eat before it gets cold. です。

6 問題ありませんか？

Is everything okay?

レストランの店員さんからこう聞かれたら、Everything is fine.（問題ないですよ）と応じます。

1　お酒は飲みますか？

Do you drink?

「習慣的にお酒を飲みますか？」という意味の疑問文です。同様に、「車の運転をしますか？」なら Do you drive?、「タバコは吸いますか？」なら Do you smoke? です。

2　お酒は大好きです

I love alcohol.

love は like の強調表現で、I love alcohol. は I like alcohol very much. の意味になります。I love anything sweet. なら「甘いものならなんでも大好きです」です。

3　お酒は弱いんです

I'm a lightweight.

lightweight は体重が標準以下の人のことで、お酒にすぐ酔ってしまう人を表します。

飲酒

4　ビールをお願いします

A beer, please.

I'd like a beer, please. のくだけた表現です。beer（ビール）は本来、数えられない名詞ですが、会話では a beer（ビール1杯）とか two beers（ビール2杯）と表現します。

5　ビールにする、それともワイン？

Beer or wine?

Beer↗ or wine↘? のイントネーションで聞かれたら、どちらか1つを選びます。Beer↗ or wine↗? のイントネーションの場合は、その他の物を選択することもできます。

6　ワインがいいです

I prefer wine.

Which do you like, wine or beer?（ワインとビールのどっちがいいですか?）と聞かれて、ワインがよかったら、このように答えます。

7 酔ってる？

Are you drunk?

Are you drunk?（あなた、酔っている？）と聞かれて、酔っていなかったら No, I'm not drunk. と返します（酔っていても酔っぱらいは、たいていこう答えます）。

8 飲酒運転はダメ

Don't drive drunk.

「酔って車を運転するな」が元の意味です。Don't drink and drive. も同義表現です。日本語の「飲んだら乗るな」をそのまま英語にすれば、Don't drive if you drink. です。

9 酔ってるんじゃない？

You look drunk.

「あなたは酔っているように見える」が元の意味です。こう言われたら Do I?（そう？）、Yeah, I am.（うん、酔っているよ）などと返します。この場合の am は強く発音します。

飲酒

10 まだしらふだよ

I'm still sober.

酔っているなら、I'm drunk. で、I'm wasted. なら「べろんべろん
の泥酔状態」になったことを表します。sober は動詞として I need
to sober up.（酔いをさまさないと）のように使うこともできます。

11 私はアル中です

I'm an alcoholic.

I'm an alcohol addict. も同義表現です。お酒をたくさん飲める人
なら、I drink like a fish. と言います。「私はお酒が強い」ことを
言いたいなら I can hold my alcohol. です。

12 二日酔いです

I am hangover.

この表現は I have a hangover. と言っても同じ意味になります。
二日酔いがひどい場合は、I have a terrible hangover. です。

1 いや、見ているだけです

No, just looking.

店に入ると店員さんから May I help you? と聞かれるので、特に買う意思がなければ、このように言って店員のアテンドを断ります。

2 予算をオーバーしています

It's over budget.

単に「少し高いです」と言うなら、It's a little expensive.、予算をややオーバーしているなら、It's a little over budget.、はるかにオーバーしているなら、It's much over budget. です。

3 これはお買い得品だ

It's a bargain.

bargain は「バーゲン品」「契約」の意味で、「ホントにお買い得だ」なら It's a real bargain. です。

4 もっと安いのはありますか？

Anything less expensive?

Do you have anything less expensive? の簡略形です。Anything cheaper? でもいいですが、cheap は「安っぽい」という意味で使うことが多いので、こちらの表現をお勧めします。

5 1割引いてください

10% off, please.

日本語でもおなじみのオフ（off）は「割り引いて」という意味の副詞です。「割引をお願いします」なら、Can you give me a discount? か単に Discount, please. でも OK です。

6 こういうのはどうですか？

What about these?

How about these? と同義表現です。複数のものを指して言う疑問文ですが、pants（ズボン）、socks（靴下）、glasses（メガネ）なども these で受けるので注意しましょう。

7 （形／サイズが）これ私にぴったり

This fits me.

形や大きさの点で物と物、物と人が「ぴったり合う」のが fit です。ズボンが「私にぴったりです」なら、These fit me. です。

8 それは大きすぎます

It's too big (for me).

物の大きさを表す large と big の違いは、large が他の物と比べた客観的に見た大きさであるのに対して、big は感情を込めた主観的な大きさを表す点にあります。

9 これにします

I'll take these.

お店に入って、買うものを決めて店員さんに伝えるときの決まり文句です。買うものが1つの場合は、I'll take this. か I'll take this one. です。

145

10 全部でいくらですか？

How much altogether?

How much is it altogether? の簡略形で、全部まとめて会計をするときの決まり文句です。「これはいくらですか？」なら How much is this? です。

11 余分に袋をもらえますか

Extra bags, please.

Could you give me extra bags? は丁寧な表現です。How many?（何枚ですか？）と聞かれたら Three more bags, please.（あと3枚お願いします）と、具体的な数字を言ってください。

12 別々に包装してください

Wrap them separately.

Could you wrap them separately? なら丁寧な表現になります。「プレゼント用に包装してください」なら Could you gift wrap them? で、買った商品が1つのときは Could you gift wrap it? です。

13 クレジットカードでいいですか？

Credit card, OK?

実際に自分が使っているカードを見せながら言ってください。Can I use a credit card? あるいは、Can you accept a credit card? の簡略形です。

14 領収書をお願いします

The receipt, please.

I'd like the receipt, please. とすればさらに丁寧な表現になります。また、Can I have the receipt? でも OK です。請求書に誤りがあったら There's a mistake on the bill. と言ってください。

15 レジはどこ？

Where's the cashier?

店のレジは cashier（キャシィアーと発音します）です。Where can I pay? / Where should I pay?（どこで支払えばいいですか？）でも OK です。

147

実践 **3語** でこんなに話せる！

Salesclerk : **May I help you?**
店員　　　 ：何かお役に立てますか。

Customer : **Yes, I'm looking for a wallet.**
お客　　　 ：はい、財布を探しています。

Salesclerk : **This way, please.**
店員　　　 ：こちらになります。

Customer : **I like this one.**
　　　　　　 How much is it?
お客　　　 ：これ、いいですね。いくらですか。

Salesclerk : **$2,100.**
店員　　　 ：2,100ドルです。

Customer : **It's a little over budget.**
お客　　　 ：ちょっと予算オーバーです。

Salesclerk : **It's a bargain.**

店員 　　 ：お買い得品ですよ。

Customer : **Discount, please?**

お客 　　 ：割引きしてくれますか。

Salesclerk : **Sorry, we can't.**
What about this?
It's just 2,000 dollars.

店員 　　 ：申し訳ありませんができません。
こちらはいかがですか。
ちょうど 2,000ドルです。

Customer : **That's nice, I'll take this one.**
Can you gift wrap it?

お客 　　 ：それ、いいですね、これにします。
プレゼント用に包装してくれますか。

Salesclerk : **Of course, yes.**

店員 　　 ：もちろんです。

許可を得る、承諾／拒否する

1 〜してもよろしいでしょうか？

Do you mind?

たとえば、話し手がタバコを取り出しながら相手に、Do you mind? と問いかけると「タバコを吸ってもよろしいでしょうか？」という意味になります。

2 いいですか？

Is it OK?

Do you mind? と同様に、ある動作を始めるジェスチャーをしながら、「〜してもいいですか？」と許可を求める表現です。「いいですよ」は OK. / Sure. / Go ahead. などで応じます。

3 かまいませんよ

I don't mind.

上の Do you mind?（〜してもよろしいでしょうか？）の問いに対して、許可を与える表現です。Do you mind? は「気にしますか？」の意味なので、I don't mind.（気にしません）と応じます。

4 もちろん

Of course not.

Do you mind?（〜してもよろしいでしょうか?）の問いに対して、「もちろん、気にしません」つまり、「〜してもいいですよ」と答える最も一般的な表現です。

5 いいんじゃないですかね

I think so.

断言することはできないけれど、たぶんいいんじゃないですかねというニュアンスです。「いやできないんじゃないですかね」なら、I don't think so. です。

6 ご遠慮ください

I'm afraid not.

相手からの許可を求める表現に対して、やんわりと断る表現です。I'm afraid you can't. と言っても OK です。

許可を得る、承諾／拒否する

7　ご遠慮いただけないでしょうか

Wish you wouldn't.

I wish you wouldn't. の簡略形で、「あなたがそうしないことを望みます」が元の意味で、丁寧な断りの表現になります。

8　いや、ダメです

I do mind.

Do you mind?（〜してもよろしいでしょうか？）の問いに対して、ぶっきらぼうに「いや、ダメです」というニュアンスです。

9　ここは禁煙です

No smoking here.

No 〜ing. で「〜は禁止です」とか「〜はできません」という意味になります。No parking. なら「駐車禁止」です。

1 急いで

Make it quick.

たとえば、出かける間際になって、Can I go to the restroom?（トイレに行ってきてもいい?）と聞かれて、早くすませてほしいときの表現です。

2 何をぐずぐずしてるの？

What's keeping you?

のんびりしている人をせかすときの表現です。直接的に Hurry up!（急ぎなさい）と言ってもいいでしょう。その後に、You'll be late.（遅刻するよ）などと付け加えます。

3 先に行ってて

You go ahead.

go ahead は「先に行く」ことから、Can I open the window?（窓を開けてもいいですか?）と許可を求める相手に対して、Yes, go ahead. と言えば「ええ、どうぞ」の意味にもなります。

せかす

4　先に始めてて

Start without me.

「私なしで始めて」が元の意味です。Can you start without me?（先に始めててくれる？）としても OK です。

5　早く帰ってきてね

Come home early.

「どこにも寄らずにまっすぐ帰って来てね」と言いたいときは、Come straight home. と言います。単に今いるところに「すぐ戻ってきてね」なら Come back soon. です。

6　急がないと

I'd better hurry.

I'd better 〜は I had better 〜の短縮形で、「〜したほうがいいかな」の意味です。I must hurry. と言ってもほぼ同じ意味です。

1 お座りください

Have a seat.

相手に席を勧めるときの決まり文句です。Sit down. だと、学校の先生が生徒に「座りなさい」という感じです。

2 お入りください

Come on in.

Come in. も同義表現ですが、こちらのほうが相手を誘い入れる気持ちが強く、丁寧な感じを相手に与えます。改まった場面ならWould you come on in? です。

3 そこまで連れていって

Take me there.

改まった場面であれば、Could you take me there?（そこまで連れて行っていただけますか?）です。この場合、車か徒歩か、移動の手段は特に問題にしていません。

移動などを促す

4　みんな、もっと寄って

Everybody, get closer.

写真を撮るときの表現です。close（クロウスと発音する）は、「近い」という意味の形容詞で、closer は比較級です。get closer で「もっと近づく」という意味です。

5　もう少しさがって

Back a little.

写真を撮るときの表現です。改まった場面であれば、Will you move back a little? です。「もう少し前に出て」なら Come forward a little. です。

6　止まらずに進んでください

Move along, please.

バスの車掌さんが乗客に向かって「中ほどへお進みください」と言うときに使われます。別れ際に I have to move along now. と言えば、「もう帰らなくては」の意味になります。

1 はいどうぞ

Here you are.

相手にものを差し出すときに使う表現です。Here it is. も同義表現ですが、こちらは探していたものが「ほら、ここにあった」の意味で使うことができます。

2 バスが来たよ

Here's the bus.

Here comes the bus. という表現もあります。人が来るときにも Here comes John.（ジョンが来たよ）のように言います。

3 着きましたよ！

Here we are!

目的地に到着したときに使う表現です。「駅に着きましたよ」と具体的な場所を示したいときは Here we are at the station. と言います。私一人が着いたのならば Here I am! です。

掛け声

4 じゃあ、行きますよ

Here we go!

これから何かを始めようとするときに使う表現です。写真を撮るときに Here we go!（行きますよ!）と言った後に Say cheese.（はい、チーズ）と言ってシャッターを押します。

5 通ります

Coming through, please.

I'm coming through, please. の簡略形です。たとえば、人ごみの中を Coming through, please. を繰り返し言いながら先に進みます。Excuse me. や Sorry. を何回か繰り返すのも OK です。

6 行きましょうか

Shall we go?

Shall we ～（動詞の原形）? で、「～しましょうか?」という提案を表します。Let's go.（行きましょう）よりも間接的な表現なので、こちらのほうが丁寧な感じを与えます。

第3章

状況は
3語でこんなに伝わる!

Make it simple.

くしゃみが止まらない

痛む?

具合はどう?

元気でやっていますか

連絡してね

私たち、付き合いはじめました

トイレの水が流れない!

ドアが開かない

忘れ物した!

念のため

どっちでもいいよ……etc.

病気、不調

1 くたくたです

I'm worn out.

I'm so tired.（とても疲れている）や I'm exhausted.（疲労困憊
している）も同義表現ですが、I'm dead beat. もよく使われます。

2 あまりよくない

Not so good.

How're you feeling?（具合はどう?）と聞かれて、まだ調子が思
わしくないときに返す表現です。Not good. / Not too good. も同
義表現です。

3 風邪を引いてるんだ

I have a cold.

風邪を引いている状態を表します。「ひどい風邪」なら I have a
bad cold. で、「昨日から風邪を引いています」なら、I've had a
cold since yesterday. です。

4 風邪を引いちゃった

I caught (a) cold.

風邪を引いた行為を強調する表現です。「誰かから風邪をうつされた」というニュアンスで、「娘から風邪をうつされた」なら、I caught a cold from my daughter. です。

5 熱がある

I have a fever.

「高熱」なら a high fever、「微熱」なら a slight fever です。I feel feverish. も同義表現です。「1週間前から熱があります」なら I've had a fever for a week. です。

6 気分が悪くなってきた

I feel sick.

「体調が悪い」とか「なんとなく気分が悪い」という意味ですが、I feel sick to the stomach.（気持ちが悪くなってムカムカする）という意味で使うこともできます。

病気、不調

7 寒けがする

I have a chill.

a chill は寒けを伴う風邪の意味です。「寒けを伴う風邪を引いた」なら、I caught a chill. と言います。単に「寒けを感じる」なら I feel chilly. です。

8 体がだるい

I feel languid.

My body feels heavy. も同義表現です。単に「体が疲れている」なら、I feel tired. / I'm tired. です。「疲労困憊」の状態なら、tired の代わりに exhausted です。

9 ふらふらする

I feel dizzy.

めまいがするときの表現です。文字通り「私の頭が（コマのように）くるくる回っている」という意味の My head is spinning. という表現もあります。

10 咳が止まらない

I've been coughing.

I can't stop coughing. や I cough a lot. も同義表現です。I have a bad cough. なら「咳がひどくて困っている」という意味です。

11 くしゃみが止まらない

I've been sneezing.

I can't stop sneezing. も同義表現です。くしゃみをした人には、(God) Bless you!（あなたに神の加護がありますように！）とよく言います。

12 頭が痛い

I have a headache.

頭がひどく痛むなら、I have a bad / terrible headache. です。My head aches. でも OK です。

病気、不調

13 喉が痛い

My throat hurts.

体の一部が痛いときは、「体の部分」+ hurts. で表します。「喉が痛い」という表現には、I have a sore throat. があります。他に、「足の親指が痛い」なら My big toe hurts. です。

14 ここが痛いです

It hurts here.

医者から Where does it hurt?（どこが痛みますか?）と聞かれたときに、具体的な体の部位を指さしながら、「ここが痛い」と言う表現です。

15 車酔いした

I got carsick.

「乗り物酔いした」なら I have motion sickness. です。また、「船酔いした」は I got seasick.「飛行機酔いした」は I got airsick. と言います。

16 吐きそう

I'm gonna vomit.

I'm gonna ～は I'm going to ～のくだけた表現で、「今にも～しそうな」という意味を表します。I'm going to vomit.（吐きそうです）が元の形です。

17 吐いちゃった

I threw up.

throw up ～には、「食べたものを全部吐いています」という意味がすでに含まれていますが、「今食べたもの全部」を強調したければ、I threw up everything I just ate. です。

18 下痢をしています

I have diarrhea.

「下痢」を表す医学用語が diarrhea なので、医者に行かなければいけないほどのお腹の状態を示唆します。単に「お腹が下っている」なら、I have loose bowels. です。

病気、不調

19 便秘をしている

I have constipation.

I'm constipated. という言い方もあります。便秘が重症である場合には、I suffer from constipation.（便秘に苦しんでいます）がいいでしょう。

20 虫歯があります

I have cavities.

虫歯が1つの場合は、I have a cavity. または、I have a bad tooth. です。「今週、虫歯を詰めてもらう」なら I'll have my cavities filled this week. です。

21 生理痛なの

I got cramps.

cramp は「筋肉のけいれん」や「下腹部の激しい痛み」が元の意味で、特に生理痛は複数形の cramps で表します。「今、生理中です」なら、I'm on my period. と言います。

実践 **3語** でこんなに話せる！

Doctor : **What seems to be the problem?**

医者 ：どうしましたか。

Patient : **I got drunk last night and banged my head against the wall.**

患者 ：昨夜、酔って壁に頭をぶつけてしまいました。

Doctor : **Does it hurt?**

医者 ：痛みますか。

Patient : **It sure does.**

患者 ：はい、痛みます。

Doctor : **Where does it hurt?**

医者 ：どこが痛みますか。

Patient : **It hurts here.**

患者 ：ここが痛みます。

Doctor : **I'll take an X-ray of your head.**

医者 ：頭のX線写真を撮ります。

167

ケガ

1 ケガしちゃった

I hurt myself.

I injured myself. も同義表現です。具体的に体の一部を「痛めた」ときには、I hurt my shoulders.「肩を痛めた」のように言います。

2 やけどしちゃった

I burned myself.

具体的に体の一部を「やけどした」ときには、I burned my tongue.（舌をやけどした）のように言います。「ストーブでやけどした」なら I burned myself on a heater. です。

3 痛む？

Does it hurt?

話題となっている体の部位が「痛む?」という表現です。「どこが痛みますか?」なら、Where does it hurt? で、「ここが痛いです」なら、It hurts here. でしたね。

4　うん、痛い

It sure does.

Does it hurt?（痛む?）と聞かれて、痛むなら It sure does.
（確かに痛みます）」のように答えます。この場合の does は強く
発音します。

5　切っちゃった

I cut myself.

cut は意図的に「切る」ことにも誤って「切る」ことにも使える動
詞です。具体的に誤って体の一部を切ったなら、I cut my finger.
（指を切っちゃった）のように言います。

6　ぶつけちゃった

I banged myself.

体をぶつけた対象物を表すときは、I banged myself against
the door.（ドアにぶつけちゃった）のように言います。また、頭
をぶつけたなら myself を my head（頭）に変えます。

体調を気づかう

1 どうしたの？

What's the matter?

体調が悪そうな人を気遣う表現です。What's wrong?（どこが悪いの?）や Is anything wrong?（どこか悪いところあるの?）なども会話の必須表現です。

2 顔色が悪いよ

You look pale.

体調が悪そうな人に尋ねる表現です。You don't look well.（具合悪そうだね）や You look tired.（疲れているみたいだね）などもよく使う表現です。

3 わかる？

Can you tell?

You look pale.（顔色悪いよ）と言われたときに返す表現です。Do I?（Do I look so? そう見える?）や Does it show?（顔に出てる?）なども同義表現です。

4 インフルエンザの具合はどう？

How's your flu?

How's は How is の短縮形です。flu は influenza（インフルエン
ザ）の省略形で、単に風邪の具合を聞きたいときは、How's
your cold? です。

5 具合はどう？

How're you feeling?

具合の悪い人やケガなどをしている人に尋ねる表現です。たとえ
ば、昨日まで風邪で休んでいた人に、How are you feeling
today?（今日の具合はどう?）などと聞きます。

6 どうもしないよ

Nothing's the matter.

What's the matter? と聞かれて、特に問題がなければこのよう
に答えます。Nothing's wrong.（どこも悪いところはないよ）も
同義表現です。

体調を気づかう

7 大丈夫だよ

I'm all right.

Are you OK?（大丈夫?）と体調やケガの具合を聞かれたとき
に、特に問題ない場合に使う表現です。I'm fine. や I'm OK. も
同義表現です。

8 よくなってきたよ

I'm feeling better.

How're you feeling?（具合はどう?）と聞かれて、よくなっている
ときに返す表現です。「まあまあかな?」と返したいときは、I'm
all right. です。

9 最高だよ

Couldn't be better.

It couldn't be better. の短縮形で、「今以上によい状態はあり
得ない」が元の意味で、「最高の状態である」ことを伝える表現
です。逆に、Couldn't be worse. なら「最悪だよ」になります。

1 元気ですか？

How are you?

毎日会っている人への挨拶です。聞かれたほうは、Just fine, thank you.（元気です、ありがとう）と応じた後に、How about you?（あなたは?）と返すのが礼儀です。

2 元気でやっていますか？

How you doing?

How are you doing? の簡略形で、「どんな感じでやってる?」というニュアンスです。「まあまあかな?」だったら、I'm doing OK. です。

3 お目に掛かったことがあるようなのですが

You look familiar.

以前どこかで会った記憶はあるけれど誰だか思い出せないときに使う表現です。Haven't we met before?（以前お会いしたことはありませんか?）もよく使う表現です。

4　ご機嫌いかがですか？

How are things?

How are things with you? とも言います。Not bad. なら「悪くはないよ」、Not so good. なら「そんなによくはないね」などと返します。

5　調子はどう？

How's everything (going)？

How's は How is の短縮形です。「あなたの身の周りの状況はどんな感じ？」というニュアンスです。「仕事の調子はどう？」なら、How's work? です。

6　久しぶりだね

Been a while.

It has been a while. の簡略形で、「しばらく経ちますね」が元の意味です。It's been a long time. も同義表現です。他に、Long time no see. もあります。

7 元気にしてた？

How've you been?

How've は How have の短縮形で、今のことを含めて「元気だった?」とか「調子はどうだった?」と尋ねる表現です。答え方は、I've been just fine. (元気だったよ) と応じます。

8 絶好調だよ

Never been better.

How have you been? (元気にしてた?) と聞かれて、絶好調のときにこう返します。I've never been better. が元の形で、「これ以上よかったことはない」が原義です。

9 特に変わったことはないよ

Nothing in particular.

What's new? (何か変わったことはある?) というアメリカ人特有の質問に対して、このように応じます。Not much. / Nothing much. / Nothing special. も同じ意味で使います。

10 遅くなるよ

I'll be late.

「今晩は遅くなるよ」なら、I'll be late tonight. です。「今晩は遅くならないよ」なら I won't be late tonight. です。

11 学校はどうだった？

How was school?

単に「今日はどんな一日だった？」なら、How was your day? です。また、具体的なことについて質問するなら How was the exam?（試験はどうだった？）のように言います。

12 すべて順調に運んだ

Everything went smoothly.

具体的に、「引っ越し」や「送金」がうまくいったなら The house move went smoothly. / The transfer went smoothly. などと言います。

1 連絡してね

Keep in touch.

今後しばらくは会えそうにない人に向かって言う表現です。Let's keep in touch. なら「お互いに連絡を取り合おうね」の意味になります。「私から連絡します」なら I'll keep in touch. です。

2 もう行くわ

I gotta go.

I have got to go.（行かなければならない）が I got to go. になり、さらに、I gotta go. に変化した形です。I have to go now. や I must be going. などの表現もあります。

3 じゃあまたね

See you later.

I'll see you later. の簡略形で、基本的にはその日にまた会うことを表しますが、実際には、その日でなくても使われる場合も多いです。See you around. とも言います。

別れ際の挨拶

4 じゃあ、また明日ね

See you tomorrow.

I'll see you tomorrow. の簡略形で、tomorrow の部分を next week にすれば「来週」、on Thursday にすれば「木曜日に」の意味になります。

5 気をつけてね

Take it easy.

緊張している人に「気を楽にしてね」の意味で使う Take it easy. はすでに取り上げましたが、別れ際の Take it easy. は、無理をしないで「気をつけてね」「じゃあね」の意味です。

6 忘れ物はないね？

You got everything?

Have you got everything? の簡略形で、「全部持った?」が元の意味です。具体的に、「スマホは持った?」なら Have you got your smartphone? です。

1 職業はなんですか？

What's your occupation?

この表現は改まった場面で使われる表現で、日常会話では
What do you do? が一般的な表現です。勤め先を聞くときは、
Where do you work? か Who do you work for? です。

2 出版業界にいます

I'm in publishing.

What do you do? や What line of business are you in? の質問
に対して、I'm in ～ . で、「～業界にいます」の意味を表します。
I'm in show business. なら「芸能界にいます」です。

3 会社を経営しています

I run a business.

この場合の run は「～を経営する」という意味の動詞です。
business の部分を restaurant（レストラン）、cafe（喫茶店）、
factory（工場）などに置き換えて練習してみましょう。

仕事

4 日本語の教師をしています

I teach Japanese.

I'm a Japanese teacher. でもかまいません。Japanese の部分を Japanese history（日本史）、math（数学）、biology（生物学）、chemistry（化学）などに置き換えて練習してみましょう。

5 店を持っています

I own a store.

数件の店を持っているなら、I own stores. です。他に職業を表す場合に、「車の販売」なら I sell cars.「パイロット」なら I fly planes. などの表現があります。

6 学生です

I'm a student.

I'm a student. の student の部分を、homemaker（主婦）、taxi driver（タクシーの運転手）、carpenter（大工）など、他の職業を表す語に替えて練習してみましょう。

1 結婚していますか？

Are you married?

I'm married with two kids. なら「私は結婚して2人の子供がいます」という意味です。「私はメアリーと結婚しています」なら I'm married to Mary. です。

2 ケンと付き合っています

I'm seeing Ken.

see は進行形で「恋人と付き合う」という意味です。I'm going out with Ken. も同義表現です。「付き合っている人はいますか？」なら、Do you have a boyfriend / girlfriend? です。

3 私たち、付き合いはじめました

We started dating.

date は前述の see や go out と同じように、「交際する」「付き合う」という意味の動詞です。I'm dating Sue. なら「スーと付き合っています」です。

恋愛、結婚

4 お似合いのカップルですね

You're a nice couple.

英語には「夫婦」という意味の単語はないので、a couple という単語で表します。You're a good match. という言い方もあります。

5 私はルーシーに夢中です

I'm into Lucy.

I'm into 〜 . は便利な表現で、「〜」の部分に夢中になっているものや人を入れれば「〜に夢中です」の意味になります。「野球にはまっています」なら I'm into baseball. です。

6 私たちの相性は最高です

Our chemistry's great.

chemistry の本来の意味は「化学（反応）」ですが、2人の間の「相性」の意味で使うことができます。There's perfect chemistry between us. なら「私たちの愛称は抜群です」です。

7 私たちは同棲中です

We're living together.

We're は We are の短縮形。「私たちは別居中です」なら、We're separated. です。live という動詞は普通、進行形にはなりませんが、一時的に「住む」「暮らす」場合は、進行形で表します。

8 私たち結婚します

We're getting married.

We're は We are の短縮形です。結婚式場や日取りなどが決まっている状況で使う表現です。実際には We're getting married next month.（私たちは来月結婚します）のように表します。

9 私たちは新婚です

We're just married.

We're は We are の短縮形です。We just got married. も同じ意味で使いますし、Just married. もよく使います。「結婚して10年です」なら We've been married for ten years. です。

別れる、離婚する

1 彼（彼女）とは別れた

We broke up.

「私は彼女と別れた」なら、I broke up with her. で、「私は彼と別れた」なら、I broke up with him. となり、振った当事者は主語の私（I）になります。

2 離婚しました

I got divorced.

We got a divorce. としても意味は同じです。「メアリーと離婚しました」なら、I divorced Mary. です。「彼はバツイチです」なら He has been divorced once. です。

3 彼は元カレです

He's my ex-boyfriend.

「ex- 〜（名詞）」で「元の〜」とか「前の〜」という意味になります。「彼女は私の前妻です」なら She's my ex-wife. となります。

1 パスポートが見つからない

My passport's missing.

My passport's は My passport is の短縮形です。行方不明で今探している段階であることを表します。探しても見つからなかったら、My passport is lost. です。

2 締め出されてしまった

I'm locked out.

オートロックのホテルの部屋に鍵を置いたまま、外に出て中に入れなくなったときに使います。I left my key in the room.（部屋にカギを置き忘れた）と言ってもいいでしょう。

3 困ったことになった

I'm in trouble.

I'm in big trouble. ならさらに困った状態を表します。こう言った後に、I've lost my passport.（パスポートがなくなった）、My purse was stolen.（財布を盗まれた）などと続けます。

トラブル

4 トイレの水が流れない！

The toilet won't flush!

won't は will not の短縮形で「どうしても〜しようとしない」という意味を表します。「車のエンジンがかからない」なら The car won't start. です。

5 ドアが開かない

The door won't open.

ヨーロッパのホテルなどでは鍵がなかなか開かない場合が多いので、必須の表現です。逆に、鍵がかからない場合は、I can't lock the door. と言います。

6 忘れ物した！

I forgot something!

Oh, I forgot something. のように使います。具体的に忘れ物を表したいときは、Oh, I forgot my commuter pass.「あ、定期券を忘れた」などと言います。

7 （自分が）迷子になった

I got lost.

I lost my way. も同義表現です。地図を開いて、「今どこにいますか?」と聞きたければ、Where am I on this map? と言ってください。

8 テレビがつかない

TV doesn't work.

部屋のテレビが作動しないときには work を使います。「エアコンが使えない」も Air-conditoner doesn't work. です。

9 シャワーが壊れている

The shower's broken.

The shower is broken. の短縮形です。他に、The tap's broken. でも、Water won't come out. でも OK です。

犯罪

1 その男を捕まえて！

Stop that man!

Thief!（泥棒！）とか Pickpocket!（スリ！）と大きな声で叫んでから、Stop that man! と言います。「誰か助けて!」であれば Somebody, help! で、単に「助けて!」なら Help! です。

2 警察に電話して！

Call the police!

Somebody!（誰か！）と大きな声で言ってから、Call the police! と叫びます。救急車を呼びたいときは Call an ambulance! です。

3 逃げるな

Don't run away.

Don't ～（動詞の原形）で、「～するな」という否定の命令形です。こう叫んだ後に、Stop that man!（その男を捕まえて!）と叫びます。

4 　その値段はぼったくりだ

That's a rip-off.

ripp off は「盗む」「法外な値をふっかける」という意味の動詞として使えば、I got ripped off. となります。

5 　痴漢にあった

I got groped.

grope は「手探りで探す」という意味の動詞ですが、痴漢行為で人の体を「まさぐる」という意味もあります。

6 　スリにあった

I got pickpocketed.

詐欺にあってお金を巻き上げられたなら、I got conned.、路上で襲われてお金を取られたなら、I got mugged. です。

曜日、日にち、時間

1 　今日は何日？

What's today's date?

What's は What is の短縮形です。What day of the month is it today? でも OK です。It's May 5.（5月5日です）のように返します。

2 　今日は日曜日

It's Sunday today.

What day of the week is it today? / What day is it?（今日は何曜日？）の質問に対する返し方です。Today is Sunday. でも OK です。

3 　まだ、水曜日か

It's still Wednesday.

「もう水曜日か」なら、It's already Wednesday.「また月曜日か」なら、It's Monday again. です。「もう水曜日？」なら Is it already Wednesday? です。

4　やっと金曜日だ

It's Friday at last.

at last の代わりに、finally を使って、Finally it's Friday. と言っても OK です。TGIF!（ティージーアイエフ）は、Thank God it's Friday! の略語で、「やった〜、金曜日だ!」の意味です。

5　3時20分です

It's 3:20.

時間を尋ねる What time is it? や、Do you have the time? に対する答え方です。数字はそのまま読めば OK です。

6　そろそろ3時です

It's almost 3.

「3時頃です」なら、It's about / around 3.「3時ちょっと過ぎです」なら、It's a little after 3.「3時ちょうど」なら、It's (just) 3 o'clock. です。

相づち―本当？と驚く

1 そうなの？

Is that so?

The store is closed.（お店が閉まってる）という相手の言葉を受けて Is it closed? の意味で Is that so? と言えば「えっ、そうなの?」と驚きや疑いの気持ちを込めた言い方となります。

2 本当？

Are you serious?

相手の言ったことが本心であるかを確かめる表現です。日本語の「ホント?」「うそでしょ?」「マジ?」のニュアンスに近い表現です。Are you kidding?（冗談でしょ）も同義表現です。

3 （信じがたいことに対して）本当？

Are you sure?

相手の気持ちを確かめるために、「本当にいいの?」というニュアンスです。たとえば、This is on me.（これは私のおごりです）という言葉に対して、「本当にいいの?」という感じです。

4 　冗談でしょ？

Are you kidding?

相手の言ったことに対して、「冗談でしょ?」とか「まさか?」の気持ちを伝える表現です。No, I'm serious.（いや、本気だよ）と返します。

5 　そんなこと聞いたことがない

That's unheard of.

unheard of は「前代未聞の」という意味の形容詞句で、I've never heard of that.（それを今までに一度も聞いたことがない）という意味です。Never heard before. でも OK です。

6 　まさか！

You don't say!

最後のイントネーションを下げながら、本当は驚いていないのに驚いた風に言います。

相づち―同意する

1　それでわかりました

That explains it.

相手からの説明を受けて納得したときの気持ちを表す表現です。
Now I know.（わかった）や I see.（なるほど）も同義表現で
す。

2　わかった（理解した）

I got it.

この場合の get は理解するという意味で、I've got you. も同義表
現です。Gotcha. は友達同士で使われるくだけた表現です。逆
に、わからないときは、I don't get it. です。

3　なるほどね

That makes sense.

I see. や I understand. と同義表現で、相手の言っていることが
道理にかなっているというニュアンスです。相手の言っているこ
とがわからなければ That doesn't make sense. です。

4 わかります／目に浮かぶよ

I can imagine.

Jim lied to me again.（ジムはまた私にうそをついたの）という相手の言葉を受けて、「言っていることが想像できます」の意味で、相手を気遣って相づちを打つ感じの表現です。

5 まさにその通りだ

That's exactly right.

相手の言ったことに対して100%同意したことを伝える表現です。Exactly. だけでも OK です。That's exactly what I wanted to say. なら「それは、まさに私が言いたかったこと」です。

6 ホント、そうですね

It sure is.

たとえば、It's a lovely day.（今日はいい天気ですね）と言ったことを受けて、「本当にそうですね」と返す表現です。最後の、is を強く発音します。

相づち―同意する

7 （違うといいけど）そうだろうね

I'm afraid so.

Are we late?（僕たち遅れるかな?）に対する I'm afraid so. は「そうみたいだね」という意味を伝えます。I'm afraid so. は、そうなってほしくないことを予想するときの表現です。

8 確かに

That's for sure.

相手の言ったことにうなずきながら、「確かに」と返す表現です。また、自分が言ったことに対しても、「それは間違いない」という意味で使うこともできます。

9 だといいですね

I hope so.

相手の言ったことが本当に実現したらいいです、という気持ちを伝える表現です。逆に「そうでないといいですね」なら、I hope not. です。

10 当然ですよ

You deserve it.

「あなたはそれに値する」が元の意味で、Good for you!（よかったね！）とか Congratulations!（おめでとう！）と言った後に、こう続けます。

11 だと思うよ

I guess so.

I think so.（そうだと思います）と同様に、相手の言ったことに同調する表現です。「そうは思いません」なら、I guess not. や I don't think so. を使います。

12 私もです

So am I.

たとえば I'm hungry.（お腹が空いた）と相手が言ったことを受けて、I'm hungry, too. の意味で、So am I. と言います。Me, too. でも OK です。

197

相づち―同意する

13 私もです（したよ）

So did I.

たとえば、I went to Tim's concert.（ティムのコンサートに行きました）と相手が言ったことを受けて、I went there, too. の意味で、So did I. と返します。Me, too. でも OK です。

14 私もです（しなかったよ）

Neither did I.

たとえば、I didn't go to Tim's concert.（ティムのコンサートに行かなかった）と相手が言ったことを受けて、I didn't go, either.（私も行かなかった）の意味で、Neither did I. と返します。

15 私もです（私も○○ではありません）

Neither am I.

たとえば、I'm still not hungry.（まだお腹が空いていません）と相手が言ったことを受けて、I'm not hungry, either.（私もお腹が空いていません）の意味で、Neither am I. と言います。

実践 3語 でこんなに話せる！

Ken : **Wkat time is it?**

ケン：今何時？

Sue : **It's a little after 5.**

スー：5時ちょっと過ぎよ。

Ken : **It's that time already?**
I gotta go.
See you tomorrow.

ケン：もうそんな時間？
もう行くよ。
じゃあ明日ね。

Sue : **See you.**

スー：じゃあね。

相づち―その他

1 本気だよ

I mean it.

I'm serious.（私は真剣です）と同義表現で、たとえば、I'll leave you.（あなたと別れます）の後に続けて言います。「そういうつもりじゃなかった」なら I didn't mean that. です。

2 念のため

Just in case.

起こる可能性は低いけど、「万が一そうなったときのことを考えて」というニュアンスです。Take your umbrella, just in case. のように使うこともできます。

3 そうですね…／えーっと…

Let me see …

「私に考えさせて」が元の意味で、相手への返答や自分の態度を決めるのに時間がかかりそうなときに、時間稼ぎに使う表現です。

4 ちょっと待ってね

Just a moment.

Let me see …と同じように、相手に自分が考え中であることを伝える表現です。Just a second. や Just a minute. も同義表現です。

5 それでどうしたの？

Then what happened?

And then what happened?（それでそれから何があったの?）の簡略形で、相手の話をもっと聞きたいときの表現です。Tell me more.（もっと教えてよ）という表現もあります。

6 そうかもね

That could be.

相手の言ったことにを受けて、「もしかしたらそうかもしれません」の意味。could は can の過去形ですが、過去の意味はありません。

問いに答える

1 わかった、いいよ／了解

You got it.

「あなたはそれを得た」が元の意味ですが、それ（it）とは、あなたが私に「頼んだ内容」を指し、「了解」「かしこまりました」の意味です。

2 全然わかりません

It's beyond me.

「それは私の能力を超えている」が元の意味で、I don't know anything about it.（そのことについては全然わかりません）の意味です。

3 よくわかりません

I'm not sure.

相手からの質問に対して、はっきりわからないことを伝える表現です。I don't know. だとぶっきらぼうに聞こえるので、代わりのこの表現を使います。

204

4　どれでもいいよ

It doesn't matter.

matter は「重要である」という意味で、Do you want Coke or Pepsi?（コーラとペプシのどっちがいい?）と相手から選択を求められ、自分はどっちでもいいことを伝える表現です。

5　どっちでもいいよ

Either is fine.

この either は「どちらか一方」という意味の代名詞です。2つの選択肢のどちらか一方を選んでくれと言われたときに返す表現です。

6　なんとも言えないね

I can't tell.

なんと答えたらいいのかわからないときに使う表現です。「はっきりわからない」なら、I'm not sure.、「自分では決められない」なら I can't decide. などと言います。

問いに答える

7　かなりですね

Quite a bit.

Do you often go fishing?（釣りにはよく行きますか?）という質問に対して、Quite a bit. なら「かなり行きます」という感じです。

8　時と場合によります

It (all) depends.

たとえば、How long will it take?（どれくらい時間がかかりますか?）という質問に対して、こう応じます。具体的に、「交通状況によりますね」なら It depends on the traffic. と答えます。

9　あ、それで思い出した

Oh, that reminds me.

remind は「思い出させる」という意味で、この表現は相手の言ったことや何かのきっかけで、あることを思い出したときに発する言葉です。

知的生きかた文庫

英語は3語で話せ

著　者　清水建二

発行者　押鐘太陽

発行所　株式会社三笠書房

〒一〇二─〇〇七二　東京都千代田区飯田橋三─三─一

電話〇三─五二二六─五七三四（営業部）

　　　〇三─五二二六─五七三一（編集部）

https://www.mikasashobo.co.jp

印刷　誠宏印刷

製本　若林製本工場

© Kenji Shimizu, Printed in Japan

ISBN978-4-8379-8716-1 C0182

＊本書のコピー、スキャン、デジタル化等の無断複製は著作権法
上での例外を除き禁じられています。本書を代行業者等の第三
者に依頼してスキャンやデジタル化することは、たとえ個人や
家庭内での利用であっても著作権法上認められておりません。

＊落丁・乱丁本は当社営業部宛にお送りください。お取替えいた
します。

＊定価・発行日はカバーに表示してあります。

清水建二（しみず・けんじ）

東京都浅草生まれ。埼玉県立越谷北高校を卒業後、上智大学文学部英文学科に進む。ガイド通訳士、上智大学ハイスクール講師、進学の名門・県立浦和高校で教鞭を執り、英語教材クリエイターとして活躍。高校教諭時代は、基礎から上級まで、わかりやすくユニークな教え方に定評があり、生徒たちからは「シミケン」の愛称で人気を博す。著書はベストセラー『英単語の語源図鑑』（共著・かんき出版）のほか、『毎日つぶやく英会話「1秒」レッスン』（成美堂出版）、『くらべてわかる英単語』（大和書房）、『朝から夜までつぶやき英語』（三笠書房《知的生きかた文庫》）など90冊を超える。趣味は海外旅行、食べ歩き、ジョギング。朝日ウィークリーでコラムを連載中。

【公式サイト】http://shimiken.me/

本書は、総合法令出版より刊行された『たった3語できちんと伝わる英語フレーズ事典』を文庫収録にあたり加筆・改筆・再編集のうえ、改題したものです。

ズボラでもラクラク！ 超効率勉強法

椋木修三

勉強は要領！ やり方一つで結果が変わる！ ズボラなところがある人ほど、ラクをするための工夫をするから、短時間で面白いほどうまくいく！ 記憶できる！

東大脳クイズ ——「知識」と「思考力」がいっきに身につく

QuizKnock

東大発の知識集団による、解けば解くほどクセになる『神クイズ348問』東大生との真剣バトルが楽しめる「東大生正解率」つき。さあ、君は何問解けるか!?

すぐやるコツすぐやめるコツで 全部うまくいく！

平本あきお

さりげないのに、きちんと伝わるほめ言葉でポジティブな人間関係が築ける！やる気も引き出せる！ なぜかうまくいく話し方、人に好かれる話し方。

朝から夜まで つぶやき英語 ウィリアム・J・カリー［監修］

清水建二

あれもこれも、英語で言える！ 中学レベルの基本パターンだけで1500シーンに対応。脳科学でも証明ずみの「つぶやき学習法」なら、しっかり記憶に定着！

日本語おもしろ雑学

坪内忠太

つまらないことを、なんで「くだらない」というのだろう？ 総スカンの「スカン」とは？ つい時間を忘れて読んでしまう、簡単そうで答えられない質問286！

C50112